"十四五"职业教育国家规划教材

| 职业教育电子商务专业 系列教材 |

网络广告制作精选案例

（第2版）

主　编／李浩明

副主编／莫顺朝　李　芳　朱文昌

参　编／（排名不分先后）

寇亚彬　吴传德　陈锦荣　瞿霞霞

江　艳　陈　莉　刘文海　黄健英

何俊荣　黄　勇　许　刚

重庆大学出版社

内容提要

本书共分为6个项目，结合当前常用网络广告的应用情况，从普及网络广告知识和技能应用的角度，精选了31个任务，详述了其制作的方法及过程。本书在内容安排上以典型的工作任务为主线，采用"项目→任务→活动"的结构模式，通过项目提出、任务细分、活动实施，并结合岗位需求，由浅入深地开展。任务完成后进行合作实训，进一步巩固了知识，最后达到设计的目标。

本书特色是重点培养学生创造性的思维和分析能力、实践能力，所选任务以常见的构图与设计手法为主，指出学生需要掌握的技术，帮助学生轻松学习、创意设计，激发学生矢志创新和科技报国的使命担当，达到知行合一。学生学完每个任务后可以立即发挥灵感进行设计，以达到巩固提升技能的效果。对作品的不足提出修改意见，旨在完善不足以提升学生的综合能力。

本书可作为职业院校电子商务专业、计算机专业和工艺美术专业的教材，也可作为网络广告设计人员的培训教材。

图书在版编目（CIP）数据

网络广告制作精选案例 / 李浩明主编. --2版. --
重庆：重庆大学出版社，2022.1（2024.1重印）
职业教育电子商务专业系列教材
ISBN 978-7-5624-8579-7

Ⅰ.①网…　Ⅱ.①李…　Ⅲ.①网络广告—职业教育—
教材　Ⅳ.①F713.852

中国版本图书馆CIP数据核字（2022）第021099号

职业教育电子商务专业系列教材
网络广告制作精选案例
WANGLUO GUANGGAO ZHIZUO JINGXUAN ANLI
（第2版）

主　编　李浩明

副主编　莫顺朝　李　芳　朱文昌
策划编辑：王海琼
责任编辑：王海琼　　版式设计：莫　西
责任校对：刘志刚　　责任印制：赵　晟

*

重庆大学出版社出版发行
出版人：陈晓阳
社址：重庆市沙坪坝区大学城西路21号
邮编：401331
电话：（023）88617190　88617185（中小学）
传真：（023）88617186　88617166
网址：http://www.cqup.com.cn
邮箱：fxk@cqup.com.cn（营销中心）
全国新华书店经销
重庆五洲海斯特印务有限公司印刷

*

开本：787mm×1092mm　1/16　印张：11　字数：241千
2019年4月第1版　2022年1月第2版　2024年1月第8次印刷
印数：16 001—21 000
ISBN 978-7-5624-8579-7　定价：49.00元

编写人员名单

主　编

　　李浩明　中山市沙溪理工学校

副主编

　　莫顺朝　广州市财经职业学校

　　李　芳　中山市沙溪理工学校

　　朱文昌　东莞市电子科技学校

参　编（排名不分先后）

　　寇亚彬　广州市财经职业学校

　　吴传德　广州市财经职业学校

　　陈锦荣　东莞市电子科技学校

　　瞿霞霞　东莞市电子科技学校

　　江　艳　广州市商贸职业学校

　　陈　莉　中山市火炬科学技术学校

　　刘文海　中山市沙溪理工学校

　　黄健英　中山市沙溪理工学校

　　何俊荣　中山市沙溪理工学校

　　黄　勇　中山市沙溪理工学校

　　许　刚　中山市十点钟文化传媒有限公司

前 言（第2版）

　　本书按照网络广告设计岗位从业人员创造性的设计思维细化项目，以典型案例入手，注重层次，兼收并蓄。全书按项目导向和任务驱动的形式架构内容，精选31个来源于职业院校项目工作室的企业案例，同时配套28个同类合作实训素材，第2版更换了原项目5的4个任务和项目6的3个任务，更换后的内容更新颖，是合作企业最新的业务短视频广告和移动融媒体内容广告，可以让读者更接地气，及时掌握新媒体时代的广告制作工序及要求，为日后就业打下坚实的职业技能基础，与此同时，读者学完每个任务后立即可发挥其灵感进行设计，检验学习成果。

　　读者通过本书可以了解新媒体时代网络广告设计与制作的方法和流程。书中范例的编写结构清晰、深入浅出、图文并茂。通过企业案例的实践，重点培养学生创造性的思维和分析问题、解决问题的能力。本书既可作为职业院校电子商务专业、计算机专业和工艺美术专业的教材，也可作为网络广告设计人员的培训教材。

　　本书具有以下特点：

　　（1）打破职业教材的传统编写模式，采用"项目→任务→活动"的结构模式，通过项目提出、任务细分、活动实施，融入相关的理论知识，避免了从纯理论入手的传统教学模式。

　　（2）编写内容以学生为主体，以项目为驱动，让学生亲身体验真实的网络广告情境实践，在做中学、学中做。在完成每一个课堂活动的基础上，引出网络广告相关的知识，帮助学生轻松学习、创意设计，从而激发学生矢志创新。

　　（3）由一线广告设计专家和老师亲自执笔撰写，确保学习内容与企业真实应用同步，而且精选了各校项目工作室的企业案例作为实训项目，重点培养学生创造性思维以及分析问题、解决问题的能力。

（4）在任务活动难度的编排上，遵循了先易后难的原则，从简单的课堂活动引出理论知识，再到综合的合作实训。

本书的每个项目由两个以上任务组成。每个任务由多个活动组成。每个任务包括以下几个部分：

（1）情境设计：本任务依据真实的学习状况和公司运营设定情境。

（2）任务分解：分析完成此任务内容及方式方法。

（3）知识窗：本任务完成所涉及的网络广告相关的理论知识。

（4）活动实施：本任务分解成若干个具体的课堂活动，指导学生完成活动的具体步骤。

（5）活动小结：完成每个小任务进行一次小结，达到巩固知识点、激发灵感的目的。

（6）合作实训：为巩固学生学习基础知识和培养学生团队合作能力进行综合实训项目，发挥团队的灵感进行设计，并进行过程评测，查漏补缺，提升学生的综合能力。

本书由李浩明担任主编，莫顺朝、李芳、朱文昌担任副主编，协助完成审稿和教学资料整合。全书编写分工：项目1由李浩明、江艳编写；项目2由何俊荣、黄勇编写；项目3由莫顺朝、吴传德、寇亚彬编写；项目4由朱文昌、陈锦荣、瞿霞霞编写；项目5由刘文海、许刚、黄健英编写；项目6由陈莉、李芳编写。

本书在编写的过程中，参阅、借鉴并引用了大量国内外有关网络广告书刊资料和研究成果，浏览了许多相关网站，特别得到校企合作企业中山市买它网络科技有限公司许刚总经理的大力支持，在此致以衷心的感谢。

本书配有电子课件、电子教案、电子素材和微课视频供教师教学参考，需要者可到重庆大学出版社的资源网站（www.cqup.com.cn）下载。

由于编者水平有限，书中难免存在疏漏之处，恳请大家批评指正。联系邮箱：624845602@qq.com。

编　者

2022年1月

前 言

本书按照网络广告设计岗位从业人员创造性的设计思维细化项目，以典型案例入手，注重层次，兼收并蓄。全书按项目导向和任务驱动的形式架构内容，精选31个来源于职业院校项目工作室的企业案例，同时配套28个同类合作实训素材，让读者学习后能立即发挥其灵感进行设计，检验学习成果。

读者通过本书可以了解网络广告设计与制作的方法和流程。书中范例的编写结构清晰、深入浅出、图文并茂。通过企业案例的实践，重点培养学生创造性的思维和分析问题、解决问题的能力。本书适合作为职业院校计算机、电子商务专业和工艺美术专业的教材，也可作为网络广告设计人员的培训教材。

本书具有以下特点：

（1）打破职业教材的传统编写模式，采用"项目→任务→活动"的结构模式，通过项目提出、任务细分、活动实施，融入相关的理论知识，避免了从纯理论入手的传统教学模式。

（2）编写内容以学生为主体，以项目为驱动，让学生亲身体验真实的网络广告情境实践，在做中学、学中做。在完成每一个课堂活动的基础上，引出网络广告相关的知识，从而激发学生的学习兴趣。

（3）由一线广告设计专家和老师亲自执笔撰写，确保学习内容与企业真实应用同步，而且精选了各校项目工作室的企业案例作为实训项目，重点培养学生创造性的思维以及分析问题、解决问题的能力。

（4）在任务活动难度的编排上，遵循了先易后难的原则，从简单的课堂活动引出理论知识，再到综合的合作实训。

本书的每个项目由两个以上任务组成。每个任务由多个活动组成。每个任务包括以下几个部分：

（1）情境设计：本任务依据真实的学习状况和公司运营设定情境。

（2）任务分解：分析完成此任务内容及方式方法。

（3）知识窗：本任务完成所涉及的网络广告相关的理论知识。

（4）活动实施：本任务分解成若干个具体的课堂活动，指导学生完成活动的具体步骤。

（5）活动小结：完成每个小任务进行一次小结，达到巩固知识点，激发灵感。

（6）合作实训：为巩固学生学习基础知识和培养学生团队合作能力进行综合实训项目，发挥团队的灵感进行设计，并进行过程评测，查漏补缺，提升学生的综合能力。

本书由李浩明担任主编，莫顺朝、罗文坚、朱文昌担任副主编，协助完成审稿和教学资料整合。项目1由李浩明、江艳负责编写；项目2由何俊荣、黄勇负责编写；项目3由莫顺朝、吴传德、寇亚彬、李洁芳负责编写；项目4由朱文昌、陈锦荣、瞿霞霞、林锐燕负责编写；项目5由林显玩负责编写；项目6由罗文坚、陈利琼负责编写。

我们在编写的过程中，参阅、借鉴并引用了大量国内外有关网络广告书刊资料和研究成果，浏览了许多相关网站，特别得到校企合作企业中山市迪希亚网络科技有限公司总监陈东辉先生的大力支持，在此致以衷心的感谢。

本书配电子课件和视频供教师教学参考，需要者可到重庆大学出版社的资源网站（www.cqup.com.cn，用户名和密码：cqup）下载。

由于编写时间仓促，水平有限，书中难免存在遗漏疏忽之处，恳请大家批评指正。联系邮箱：624845602@qq.com。

编　者

2019年1月

目　录

项目1 网络广告的设计及发布

项目概述

小程和小袁是某职校电子商务专业的学生，在校内的某网络科技有限公司（简称某科技公司）顶岗实践，承担网络广告设计及网络推广工作。他们当前的工作任务是制作淘宝直通车广告、微信平台广告和微博博文广告，同时上传到店铺进行推广。这3种广告是当前最热门、最高效的网络推广方式。淘宝直通车推广方式，让买家进入卖家的店铺，通过点击产生一次甚至多次的店铺内跳转流量，这种以点苛面的关联效应可以降低整体推广的成本和提高网店的关联营销效果；微信平台广告方式是通过服务商系统，只需广告版主的授权，无须获得账号、密码即可实现对多个公共账号进行集中管理，并通过服务商系统提供的功能，让广告投放体验变得更好；微博博文广告的特点是操作简单，信息发布便捷，一条微博，一百多个字，加以设计和构思，就可以完成信息广告的发布。为争取促销的效益最大化，通常采用"关键信息+产品促销广告"的组合方式一起发布。下面一起学习小程和小袁的工作任务和流程吧。

项目目标

学习完本项目后，将达到以下目标：

知识目标

▷ 了解常见的直通车广告图片大小的要求；
▷ 了解常见的网络广告从设计到上传的流程；
▷ 了解常见的网络广告设计对色彩搭配的要求；
▷ 了解常见的网络广告设计对文字排版的要求。

能力目标

▷ 学会设计和制作常见的淘宝直通车广告、微信平台广告、微博博文广告；
▷ 学会在网络平台上传网络广告。

素质目标

▷ 培养学生整体到细分的思维能力；
▷ 培养学生HX电子商务网店运营的直通车推广应用能力；
▷ 培养学生遵守广告设计的原则；
▷ 培养学生制作宣传广告要树立正确的职业观、价值观。

项目思维导图

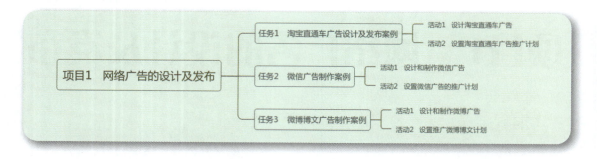

任务1　淘宝直通车广告设计及发布案例

情境设计

为了尽快设计好淘宝直通车广告，小程先去了解淘宝网对直通车广告的要求。淘宝直通车广告主要用于推广公司的主营业务，广告图设计好后，上传到公司网店平台，最后到后台设置推广计划。淘宝直通车广告推广可以提高直通车的点击率，目的是实现网店销售额的增长。

任务分解

为使本次直通车广告推广效果更好，小程团队参考了其他网店的直通车广告，根据公司名和主营商品、目标客户的情况，经过讨论，确定了完成任务的步骤：设计淘宝直通车广告、直通车广告的推广。

淘宝直通车广告
设计及发布
案例

活动1　设计淘宝直通车广告

活动背景

小程团队所在的某科技公司的主营业务为网店装修、网店设计和模特拍摄等一站式高端定制业务。小程团队打算制作一幅夺人眼球的广告来增加点击率，突出公司主题，经过讨论决定从视觉着手，以渐变色作为背景图，加上设计文字和图形，使画面的色彩更加协调。文字排版运用色彩对比、大小对比的手法，文案简要，主次分明。

活动实施

淘宝直通车广告推广后效果如图1.1.1所示。

（1）启动Photoshop CS6软件，文件命名为"直通车广告"，画布大小为"800像素×800像素"。

（2）新建"图层1"，采用径向渐变填充，颜色采用浅蓝色（#04c1f7）和蓝色（#006f90）。

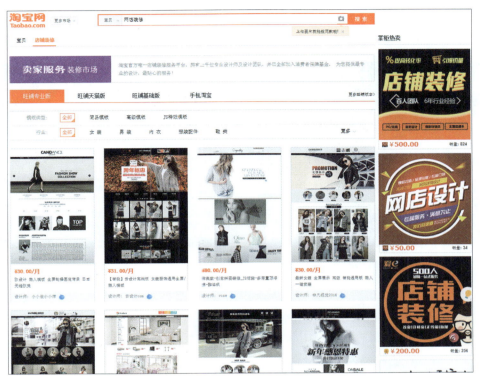

图1.1.1　推广后效果图

（3）新建"图层2"，建立选区"220像素×100像素"，填充红色后，设置图层样式的"颜色叠加"，颜色设为"#005c77"。变形，旋转45°，移到画布的右上角，如图1.1.2所示。

（4）复制"图层2"，设置图层样式的"渐变叠加"，采用"径向叠加"，颜色采用"#9a0000""#ff0000"，如图1.1.3所示。

（5）新建文字图层，输入"TOP"，字体设为"Arial"，颜色设为白色，旋转45°，移到画布的右上角，如图1.1.4所示。

图1.1.2　颜色叠加的效果　　　图1.1.3　径向叠加的效果　　　图1.1.4　TOP文字效果

（6）新建"图层3"和复制"图层3"，分别制作黑色色块和红色色块，颜色分别设为"#000000"和"#e00000"，如图1.1.5所示。

（7）新建文字图层，输入"淘宝"和"天猫"，字体设为"方正综艺简体"，字号设为"44"，颜色设为白色，移到色块的中间，如图1.1.6所示。

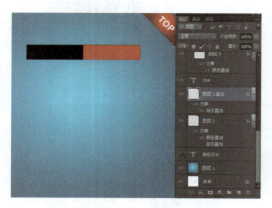

图1.1.5　颜色条效果

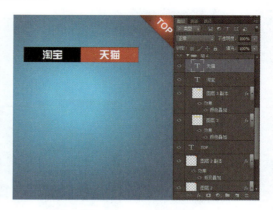

图1.1.6　添加文字后的效果

（8）新建文字图层，输入"装修设计"，字体为"迷你简菱心"，字号为"131"，颜色设为"#0381a5"，栅格化文字图层，如图1.1.7所示。

（9）复制"装修设计"图层，用线性渐变填充，颜色设为"#fff400"和"#ffa700"，并将本层的文字位置往上移动两个像素，形成立体效果，如图1.1.8所示。

图1.1.7　装修设计的文字

图1.1.8　文字立体效果

（10）在"装修设计 副本"图层上面新建图层，制作一个三角多边形，填充颜色设为白色，并设置本图层为"创建剪切蒙版"，如图1.1.9所示。

（11）新建图层，命名为"正三角形环"，创建正三角形的环，填充为白色，并删除部分环状，如图1.1.10所示。

（12）在"正三角形环"图层下方新建图层，创建正三角形，填充为黑色，旋转10°，设置其透明度为"18%"，如图1.1.11所示。

（13）新建文字图层，输入"公司在中山沙溪"，字体设为"方正综艺简体"，字号设为"63"，颜色设为黄色（#fffe00），如图1.1.12所示。

图1.1.9　创建剪切蒙版后的效果　　　　　　图1.1.10　剪切蒙版效果

（14）新建文字图层，输入"欢迎前来了解洽谈"，字体设为"微软雅黑"，字号设为"44"，颜色设为白色（#ffffff），如图1.1.12所示。

图1.1.11　三角形　　　　　　　　　　图1.1.12　文字效果

（15）新建"光"图层，建立"400像素×200像素"的椭圆选区，羽化设为"50"，用径向渐变填充，颜色设为白色（#ffffff）和浅蓝色（#27c4eb），变形后如图1.1.13所示。

（16）按以上类似的方法，制作如图1.1.14所示的两张网络广告图。注意：因在后面推广时还需设置两张广告图。

图1.1.13　光的效果　　　　　　　　　图1.1.14　广告效果图

活动评价

小程团队分别使用了文字排版和色彩搭配方法顺利地完成了广告效果图制作。在制作过程中,他们也认识到简明扼要、主次分明的文字排版和协调的颜色对比、色彩搭配,会使广告设计更具吸引力。

活动2 设置淘宝直通车广告推广计划

活动背景

设计好淘宝直通车广告后,需要登录到网店后台,设置推广计划。通过合理设置关键字和竞价,可以让直通车广告排名靠前,进一步提高淘宝直通车的点击流量,实现最大的销售额。

活动实施

小提示:网店达到两颗星级别以上的才可以使用淘宝直通车。

(1)登录到网店后台,如图1.1.15所示。

图1.1.15　网店后台

(2)点击页面左侧"营销中心"→"我要推广"后,进入推广计划的设置页面,先选择创意图片,创意图片可以直接从网店的主图中选择,如图1.1.16所示。

(3)默认推广计划,如图1.1.17所示。

(4)关键词及竞价设置。选好类目属性,每件商品可以设置200个关键词,卖家可以针对每个竞价词自由定价,迪希亚店铺的推广计划选择了43个关键字,如图1.1.18所示。

图1.1.16　推广计划的设置页面

图1.1.17　默认推广计划

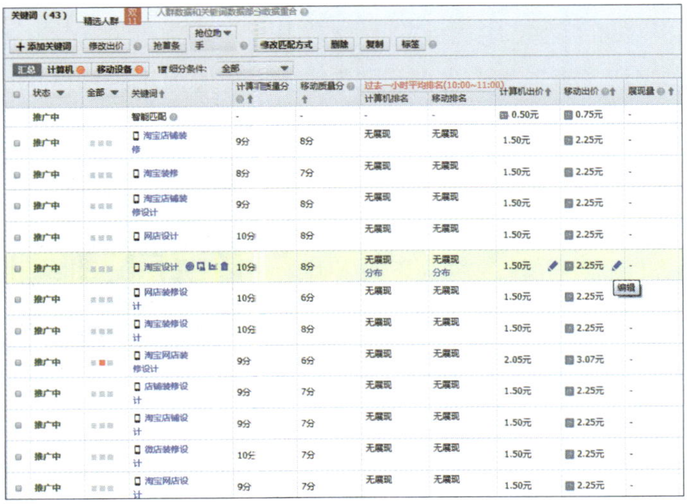

图1.1.13　关键词及竞价设置

（5）如果宝贝要进入网站首页右侧，则可以按建议出价进行设置，如图1.1.19所示。新增或修改当前推广信息，质量得分更新时间为半个小时；将账户中所有关键词的质量得分更新时间设置为24小时。

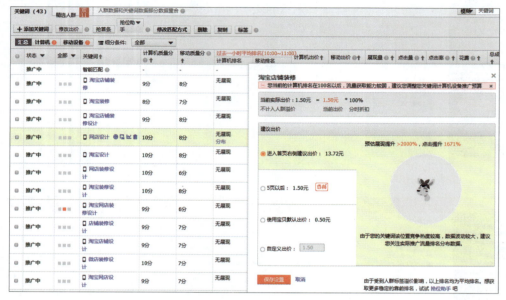

图1.1.19　当前出价情况

（6）实施前面的推广计划后，在淘宝平台搜索"网店装修"，某网店广告出现在第6个页面上，推广后的效果如图1.1.1所示。

活动评价

通过设置淘宝直通车广告的推广计划，小程团队得知：要想提高直通车的点击率，关键词和竞价设置特别重要，一定要合理利用关键词和竞价，才能达到更好的推广效果。

合作实训

小程团队合作完成了直通车广告的设计与推广。请根据小程团队的方法，制作一个淘宝直通车广告并推广，以及对整个案例执行过程进行评价。

1.实训要求

（1）根据某网络科技有限公司提供的文案，打开"素材\项目1\任务1\评测素材"文件夹下的素材，设计直通车店铺推广图，效果可参考图1.1.20。

（2）图片尺寸为210像素×315像素，文字排版要求美观，突出主营业务。

2.过程评测

对整个案例执行过程进行评价，特别是对实

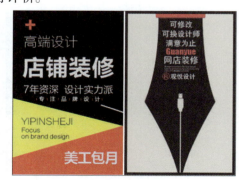

图1.1.20　参考效果

训成果进行评价。评价主体包括实训本人、实训小组、指导教师及第三方,邀请"校中企"的企业专业人员参与评价,店铺推广图设计评价表见表1.1.1。

表1.1.1　店铺推广图设计评价表

评价项目	构图与色彩搭配	关键字及设计	发布广告	职业素养
评价标准	A. 优秀 B. 合格 C. 不合格	A. 优秀 B. 合格 C. 不合格	A. 优秀 B. 合格 C. 不合格	A. 大有提升 B. 略有提升 C. 没有提升
自己评价				
小组评价				
教师评价				
第三方评价				
总评	修改建议			

说明:
①表格内按优秀、合格、不合格进行评价:
②请企业、客户专业人士等担当第三方参与评价;
③评为不合格的由指导教师注明原因及修改建议。

任务2　微信广告制作案例

情境设计

淘宝"双十一"即将到来,校中企"某贸易有限公司"决定在此期间开展一系列推广活动,将大量上新款商品,学校电子商务服务中心承接了该公司钟表类商品的微信营销任务。本任务让读者先了解微信广告的设计要求,再了解提高微信广告点击率的视觉优化策略。

任务分解

本作品是关于手表的微信广告,设计从视觉着手,以提高微信广告的点击率为出发点,实现最大的销售额。经过讨论,确定本任务的步骤是:广告图设计好后,上传到微信平台,最后到后台设置推广计划。

活动1　设计和制作微信广告

活动背景

某贸易有限公司推广的产品之一是钟表类商品，紧紧围绕微信营销的目的设计广告，重点突出公司的主营业务；画面清新，时尚；文字排版运用色彩对比、大小对比的手法，文案要简明，主次要分明。

活动实施

制作微信广告并推广至朋友圈的效果如图1.2.1所示。

（1）启动Photoshop CS6软件，文件命名为"微信广告"，画布大小为640像素×1 008像素。

（2）新建"图层1"，将"素材\项目1\任务2"的"钟表.png"图片置入图层，调整适当的位置与尺寸。

（3）新建"图层2"，建立选区，选区的大小与钟表的大小相适应，填充颜色为"#e13a8c"，如图1.2.2所示。设置样式后，添加文字，适当调整文字方向，如图1.2.3所示。

图1.2.1　微信推广至朋友圈效果图

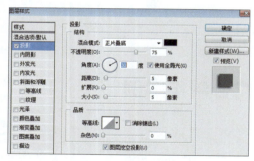

图1.2.2　图层样式

图1.2.3　按钮效果

（4）新建"图层3"，建立选区，选区的大小与原来的按钮、钟表的大小相适应，填充颜色为"#03acdc"，如图1.2.4所示，设置图层投影样式。制作"潮搭必备"按钮，添加文字，适当调整文字方向，调整图层的顺序，使新建按钮在原来按钮之下，如图1.2.5所示。

图1.2.4　添加潮搭必备按钮选区

图1.2.5　潮搭必备按钮效果

（5）新建文字图层，输入文字"product information"，文字颜色设为"#e13a8c"，如图1.2.6所示。

（6）添加文字图层，输入商品信息文字，如图1.2.7所示，最终效果如图1.2.8所示。

（7）新建文字图层，输入文字"Sugar free"，如图1.2.9所示。

（8）最终效果如图1.2.10所示，将文件保存为PSD格式。

图1.2.6 文字效果

图1.2.7 产品文字信息

图1.2.8 产品文字信息最终效果

图1.2.9 文字效果

图1.2.10 广告效果图

活动评价

学校电子商务服务中心的设计人员分别使用了文字排版和色彩搭配的方法顺利地完成了广告效果图的制作。在制作过程中,他们也认识到简明扼要、主次分明的文字排版和协调的颜色对比、色彩搭配,会使设计的广告更有吸引力。

活动2　设置微信广告的推广计划

活动背景

微信广告设计好后,为了更好地塑造品牌形象,开拓市场宣传新渠道,拓展客户的开发,接下来要登录微信广告后台,设置推广计划。

活动实施

(1)登录微信文章制作平台——兔展,如图1.2.11所示。

图1.2.11　兔展微信文章制作平台

(2)点击"开始创建"按钮,出现如图1.2.12所示画面。

(3)点击"空白模板"按钮,出现如图1.2.13所示画面。点击"PS"按钮,将已经准备好的PSD文件导入网站中,导入过程如图1.2.14所示。

图1.2.12　空白模板

图1.2.13　空白模板添加界面

图1.2.14　PSD文件添加过程

（4）导入图1.2.10广告效果图，如图1.2.15所示。在网站中，效果图会呈现一种可编辑的状态，拖动其中的图层内容即可进行编辑。

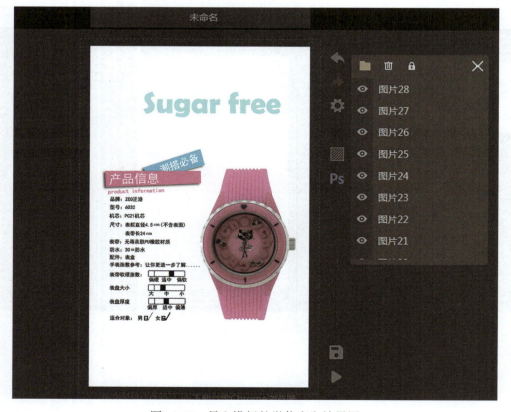

图1.2.15　导入模板的微信广告效果图

（5）继续点击"PS"按钮，继续添加PSD文件。点击"保存"按钮，将当前模板进行保存。点击"发布并分享"按钮，进入如图1.2.16所示的画面，完善页面信息，完成后点击"保存并分享"按钮，并进入发布页面，如图1.2.17所示。

图1.2.16　完善发布页面信息

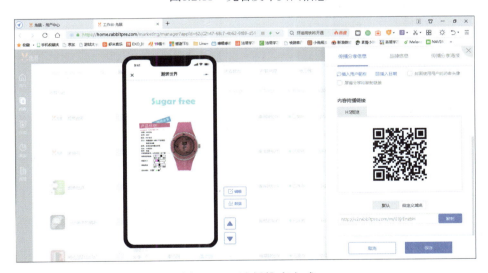

图1.2.17　选择推广方式

（6）选择发布方式前，可以自己用手机先扫描图1.2.17右边的二维码进行预览，如果需要修改，可以返回上一步进行修改。选择页面右下角的第一个图标👐进行微信推广。点击👐按钮，出现如图1.2.18所示的画面。用手机扫描其中的二维码，手机中显示所制作好的微信广告，如图1.2.19所示。点击右上角的███按钮，将微信广告发至微信朋友圈或微信好友/微信群进行推广，如图1.2.20所示。

图1.2.18　选择微信推广方式

图1.2.19　手机微信广告效果

图1.2.20　推广至微信朋友圈

（7）发布朋友圈的效果如图1.2.1所示。

活动评价

通过微信广告的推广计划设置，学校电子商务中心意识到提高微信广告点击率的视觉优化策略非常重要。

合作实训

学校电子商务服务中心团队合作完成了微信广告的设计与推广。请你根据学校电子商务服务中心团队的方法，制作一个微信广告并推广，并对整个案例执行过程进行评价。

1.实训要求

（1）根据某贸易有限公司提供的文案，打开"素材\项目1\任务2\评测素材"中的文件，设计微信推广图，效果可以参考图1.2.2。

（2）图片尺寸为640像素×1 008像素，文字排版方式要求美观，突出手表特色。

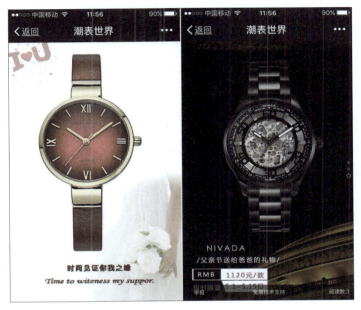

图1.2.21　微信广告参考效果图

2.过程评测

对整个案例执行过程进行评价，特别是对实训成果进行评价。评价主体包括实训本人、实训小组、指导教师及第三方，邀请"校中企"的企业专业人员参与评价，微信推广图设计评价表，见表1.2.1。

表1.2.1　微信推广图设计评价表

评价项目	构图与色彩搭配	关键字及设计	发布广告	职业素养
评价标准	A. 优秀 B. 合格 C. 不合格	A. 优秀 B. 合格 C. 不合格	A. 优秀 B. 合格 C. 不合格	A. 大有提升 B. 略有提升 C. 没有提升
自己评价				
小组评价				
教师评价				
第三方评价				
总评		修改建议		
说明： ①表格内按优秀、合格、不合格进行评价； ②请企业、客户等专业人士担当第三方参与评价； ③评为不合格的由指导老师注明原因及修改建议。				

任务3　微博博文广告制作案例

情境设计

为设计好微博广告，运营人员需要了解微博广告的要求。该微博广告主要是为淘宝店铺卖家某五金贸易有限公司在日常运营中上新的一款抽屉小拉手做广告。

任务分解

本任务是微博广告，设计从视觉着手，以提高微博广告阅读量为目标，提高店铺的浏览量，争取更高的转化率。广告图设计好后，撰写相关的文案，上传到微博平台。

活动1　设计和制作微博广告

活动背景

淘宝店铺卖家某五金贸易有限公司在日常运营中上新一款抽屉小拉手，为给本款产品造势，运营人员决定在微博上进行推广，现需制作一张该产品的宣传图片，作为该公司运营人员的你需要结合该公司的企业文化及产品特点制作一张宣传图，并在微博上进行推广。

活动实施

制作微博广告并推广，效果如图1.3.1所示。

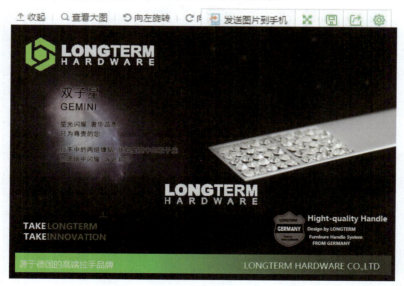

图1.3.1　推广效果

（1）启动Photoshop CS6软件，文件命名为"微博广告"，画布大小为720像素×480像素。

（2）新建"图层1"，设置背景色为黑色，并将图层命名为"背景"。

（3）将"素材\项目1\任务3"的"产品图片.jpg"拖入Photoshop中，调整其位置，建立蒙版，使用橡皮擦工具擦除产品图片背景部分，效果如图1.3.2所示，图层样式如图1.3.3所示。

图1.3.2　效果图

图1.3.3　图层样式

（4）将"素材\项目1\任务3\星空一"的图片拖入Photoshop中，置于产品图层之下，并将该图层命名为"星空一"，适当调整其位置，效果如图1.3.4所示。

（5）将"素材\项目1\任务3\星空二"的图片拖入Photoshop中，并将该图层命名为"星空二"，适当调整其位置，并为该图层新建蒙版，在蒙版上做适当渐变，效果如图1.3.5所示，图层样式设置如图1.3.6所示。

图1.3.4　添加星空一效果图

图1.3.5　效果图

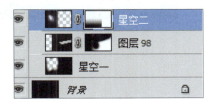

图1.3.6　图层样式

（6）添加文字图层，输入文案信息，并做灰色描边效果，如图1.3.7所示。

（7）将"素材\项目1\任务3"中的Logo放入文件中，并输入公司的名字，调整其透明度，置放于适当位置，作为水印；建立一新图层，命名为"产品产地"，建立宽度稍短于文件宽度的选区，作绿色到深绿色的渐变，输入相关文字，最终效果如图1.3.8所示。

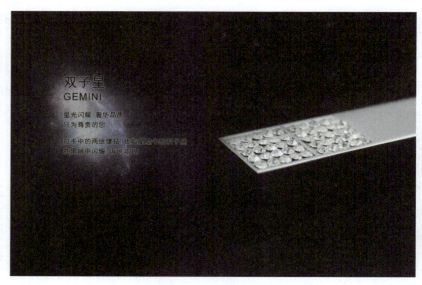

图1.3.7　添加文案后效果

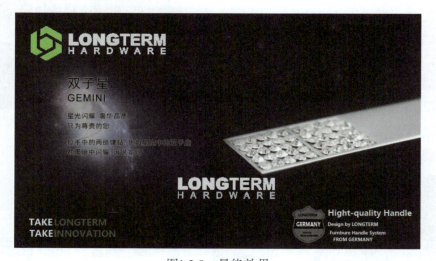

图1.3.8　最终效果

活动2　设置推广微博博文计划

活动背景

微博广告设计好后,为塑造企业品牌形象及进一步发展潜在客户,接下来登录微博后台,设置推广计划。

活动实施

（1）登录微博后台，在首页发表文章框中输入文案，如图1.3.9所示。

图1.3.9　微博后台输入文案

（2）点击图1.3.10中红色方框，将所制作的图片上传。

图1.3.10　上传图片界面

（3）发布后最终效果如图1.3.1所示。

活动评价

通过微博广告的推广计划设置，学校电子商务团队意识到要想提高微博点击率，关键词的提炼、微博广告点击率的视觉优化策略、色彩搭配的协调、文字排版的美观是非常重要的。

合作实训

学校电子商务服务中心团队合作完成了微信广告的设计与推广。请你根据学校电子商务服务中心团队的方法，制作一个微信广告并推广，并对整个案例执行过程进行评价。

1.实训要求

（1）根据广州市新拓商行提供的文案与素材，打开"素材\项目1\任务3\评测素材"下的文件，设计微博广告推广图，效果可参考图1.3.11。

（2）图片尺寸为210像素×315像素。文字排版要求美观，突出产品特点。

2.过程评测

对整个案例执行过程进行评价，特别是对实训成果进行评价。评价主体包括实训本人、实训小组、指导教师及第三方，邀请"校中企"的企业专业人员参与评价，见表1.3.1。

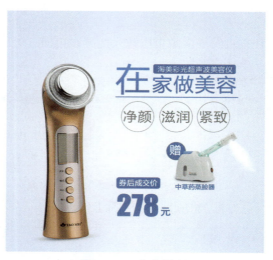

图1.3.11　参考效果

表1.3.1　店铺推广图设计评价表

评价项目	构图与色彩搭配	关键字及设计	发布广告	职业素养
评价标准	A. 优秀 B. 合格 C. 不合格	A. 优秀 B. 合格 C. 不合格	A. 优秀 B. 合格 C. 不合格	A. 大有提升 B. 略有提升 C. 没有提升
自己评价				
小组评价				
教师评价				
第三方评价				
总评		修改建议		
说明： ①表格内按优秀、合格、不合格进行评价； ②请企业、客户等专业人士担当第三方参与评价； ③评为不合格的由指导老师注明原因及修改建议。				

项目总结

本项目学习淘宝直通车广告、微信广告、微博广告等常用网络广告的设计推广及发布的过程和方法。通过项目实际案例的学习，掌握了这几类常用网络广告设计的图片尺寸要求、色彩搭配和文字排版要求，学会了从设计到上传的流程，为后续学习奠定基础。如何设计是本项目的任务难点。网络广告在设计中除了要考虑到设计美观、推广策略和目标客户的需求，实现广告效益的最优性，还要考虑到广告设计宣传的真实性，创意要积极、正面、健康。通过本项目的学习，帮助学习小组提高分析能力、沟通能力，学会从整体到细分的设计思维；通过过程评测，重点培养学习者对构图与色彩搭配、关键字的设计等方面能力，同时注重广告设计中的价值导向，引导同学们树立正确的职业观、价值观，把职业素养和课程思政渗透到专业的实操教育中。

项目2 网络广告常用的构图

项目概述

　　小程和小袁在校内的迪希亚公司运行高中三年级的顶岗实践，主要的岗位是初级设计师，承担公司客户网络广告的设计工作。设计总监给他们安排了4项任务，涉及不同行业的网络广告图设计，并且让他们根据不同的行业选择不一样的构图方式，用于放置在企业网站、各大电子商务平台上，以便更好地宣传品牌，展示产品。小程和小袁在高中二年级时已经完成了Photoshop高级和淘宝美工等计算机专业课程，深知不同行业的广告图有各自不同的表现形式和构图方式。本次任务，小程和小袁将用黄金分割构图、横线构图、竖线构图、曲线构图、对角线构图5种构图方式对网络广告进行构图设计，设计前会相互讨论哪一种构图方式适合对应的广告，接着他们将分工合作，把所学的知识应用在本次的任务中。

项目目标

　　学习完本项目后，将达到以下目标：

知识目标

▷ 了解黄金分割构图的原理；

▷ 了解常见的网络广告横线构图方式；

▷ 了解常见的网络广告竖线构图方式；

▷ 了解常见的网络广告曲线构图方式；

▷ 了解常见的网络广告对角线构图方式。

能力目标

▷ 掌握广告图的视觉设计手法；

▷ 掌握色彩搭配、文字排版。

素质目标

▷ 培养学生对构图的形式及意境的领悟力；

▷ 培养学生对具体广告设计构想的表达能力；

▷ 培养学生树立国货自强的意识，强化使命担当；

▷ 培养学生对作品的美学鉴定能力。

项目思维导图

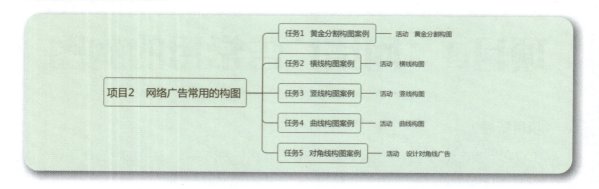

任务1   黄金分割构图案例

情境设计

本任务是迪希亚公司承接的淘宝促销广告的设计,用于推广新品——头层牛皮鞋。为了使设计的效果更佳,本任务运用了黄金分割原理进行设计,黄金分割构图法的基本理论来自黄金分割比例1:1.618,这个比例在广告设计中相当常见。黄金分割比例主要用意在于表达和谐,如建筑、服装设计等领域,而在设计中引入黄金分割比例则可以让图片更自然、舒适,更能吸引观赏者。

任务分解

为使本次促销广告图设计得更美观大气,小程团队参考了一些商品在广告图中的表现手法,根据商品的特性、目标客户的情况,经过讨论,确定了完成任务的步骤:用黄金分割构图法设计促销广告图。

黄金分割构图

活动   黄金分割构图

活动背景

小程团队通过对头层牛皮鞋产品深入的了解,把大自然的气息融入广告图中,通过背景虚化处理,使背景更生动、更吸引人。产品效果处理使产品融入背景中,使产品更具有质感。文字排版运用色彩对比、大小对比的手法,文案简明,主次分明。加入设计文字和图形,使画面的色彩更加协调。

活动实施

引入黄金分割构图的广告,效果如图2.1.1所示。

图2.1.1 广告效果图

（1）启动Photoshop CS6软件，文件命名为"黄金分割"，画布大小为1 920像素×600像素。

（2）按"Ctrl+O"快捷键，弹出"打开"对话框，选择"素材\项目2\任务1"的"林荫小路.jpg"图片，单击"打开"按钮，将背景图拖动到画布中，命名为"图层1"，通过自由变换工具适当调整其大小和位置，如图2.1.2所示。

图2.1.2 导入背景素材

（3）按"Ctrl+J"快捷键复制背景图层，命名为"图层2"，选择"滤镜→模糊→高斯模糊"，半径设置为"3.0"，如图2.1.3所示，并为该图层添加矢量蒙版，在蒙版中使用柔角画笔，画笔大小设置为"500"，前景色采用黑色（#000000），涂抹背景的下半部分，如图2.1.4所示。

图2.1.3 高斯模糊

图2.1.4 添加矢量蒙版

（4）新建"图层3"，使用柔角画笔，画笔大小设置为"500"，不透明度设置为"35%"，前景色采用黑色（#000000），在两侧涂抹，如图2.1.5所示。

图2.1.5　画笔涂抹

（5）按"Ctrl+R"快捷键调出标尺，从左边往右拖出垂直参考线到1 200像素的位置，此参考线将画布分为左右两部分，线段A:C≈B:A≈5:8≈1:1.618，基本符合黄金分割，将产品放置在黄金分割线所在位置，则为黄金分割构图，如图2.1.6所示。

图2.1.6　黄金分割

（6）按"Ctrl+O"快捷键，弹出"打开"对话框，选择"素材\项目2\任务1"的"皮鞋.png"图片，单击"打开"按钮，将图片拖动到画布黄金分割线处，命名为"图层4"，适当调整其大小和位置，如图2.1.7所示。

图2.1.7　导入产品

（7）在图层4下方新建"图层5"，使用画笔工具，选择柔角画笔，前景色采用黑色（#000000），在皮鞋底部涂抹出阴影，如图2.1.8所示。

图2.1.8　绘制阴影

（8）新建"图层6"，使用柔角画笔，画笔大小设置为"500"，不透明度设置为"50%"，前景色采用黑色（#000000），在皮鞋中间点一下画出半透明黑色的圆，将图层6不透明度设为"50%"，复制"图层6"，命名为"图层7"，图层混合模式中选择"叠加"，制造出环境光投影效果，如图2.1.9所示。

图2.1.9　绘制环境光阴影

（9）新建"图层8"，使用椭圆工具画出直径为"526像素"的白色正圆，并将图层不透明度设置为"30%"，复制"图层8"，命名为"图层9"，使用自由变换工具，按住"Alt"键使圆缩小为"477像素"，并将图层不透明度设置为"50%"，如图2.1.10所示。

图2.1.10　绘制圆形

（10）新建文字图层10，输入"FREEWITH"，字体设为"Arial"，字号设为"68"，颜色设为"#a70800"，如图2.1.11所示。

图2.1.11　输入文字

（11）新建文字图层11，输入"青春的绽放"，字体设为"方正小标宋"，字号设为"52"，颜色设为"#f55050"，如图2.1.12所示。

图2.1.12　输入文字

（12）新建"图层12"，使用直线工具，"青春的绽放"上、下分别画出两条同等长度的白色装饰直线，如图2.1.13所示。

图2.1.13　绘制装饰直线

（13）新建文字图层13，输入"精选头层牛皮 由内到外的舒爽"，字体设为"方正硬笔行书"，字号设为"19"，颜色设为"#c44729"，如图2.1.14所示。

图2.1.14　输入文字

（14）新建文字图层14，输入"Top layer leather from inside to outside to relax your feet"，字体设为"Arial"，字号设为"8"，颜色设为"#b70000"，分为两行，居中对齐，如图2.1.15所示。

图2.1.15　输入文字

（15）新建"图层15"和"图层16"，分别制作暗红色块和白块，颜色分别设为"#6c042a"和"#ffffff"，如图2.1.16所示。

图2.1.16　绘制色块

（16）新建文字图层17，输入"限时促销价"，字体设为"微软雅黑"，字号设为"20"，颜色设为"#ffffff"，并用类似的方法输入"198元"，广告最终效果如图2.1.1所示。

活动评价

本活动学习了如何利用黄金分割构图法设计广告。通过本活动的学习，让读者了解了黄金分割的原理，并可以举一反三，设计出适合自己店铺的促销广告图。

合作实训

小程团队合作完成了黄金分割构图促销广告图的设计和制作。请你根据小程团队的方法，制作完成一幅手袋促销广告图，并对整个案例执行过程进行评价。

1.实训要求

（1）根据观悦网络科技有限公司提供的文案，打开"素材\项目2\任务1\评测素材"下的文件，用黄金分割构图法设计手袋广告图，参考效果如图2.1.17所示。

（2）图片尺寸为1 920像素×600像素，文字排版要求美观，突出主营业务。

图2.1.17　参考效果

2.过程评测

对整个案例执行过程进行评价,特别是对实训成果进行评价。评价主体包括实训本人、实训小组、指导教师及第三方,邀请"校中企"的企业专业人员参与评价,见表2.1.1。

表2.1.1　黄金分割构图促销广告图设计评价表

评价项目	色彩搭配	黄金分割构图的应用	商品处理	职业素养
评价标准	A. 优秀 B. 合格 C. 不合格	A. 优秀 B. 合格 C. 不合格	A. 优秀 B. 合格 C. 不合格	A. 大有提升 B. 略有提升 C. 没有提升
自己评价				
小组评价				
教师评价				
第三方评价				
总评		修改建议		
说明: ①表格内按优秀、合格、不合格进行评价; ②请企业专业人员、客户等担当第三方参与评价; ③评为不合格的由指导老师注明原因及修改建议。				

任务2　横线构图案例

情境设计

本任务是某科技公司化妆品网站品牌的广告设计,用于推广品牌,以达到线上、线下营销的效果。本任务是根据横线构图法设计的品牌广告图。横线构图又称为水平线构图,是最基本的构图法,以水平线条为主,舒展的水平线条能够表现出宽阔、稳定、和谐的感觉。

任务分解

根据客户提供的品牌代言人和产品的特有形态，小程团队经过讨论确定了完成任务的步骤：用横线构图法设计促销广告图。

横线构图

活动　横线构图

活动背景

小程团队通过对眼线笔产品深入的了解，利用背景高光处理以突显眼线笔产品，眼线笔遵循横线构图法的要求，相互平行，文字排版运用色彩对比、大小对比的手法，文案简明，主次分明。

活动实施

引入横线构图的广告，效果如图2.2.1所示。

图2.2.1　广告效果图

（1）启动Photoshop CS6软件，文件命名为“横线构图”，画布大小为900像素×400像素。

（2）按“Ctrl+O”快捷键，弹出“打开”对话框，选择“素材\项目2\任务2”的“背景.jpg”素材，单击“打开”按钮，将背景图片拖动到画布中，命名为“图层1”，适当调整其位置，如图2.2.2所示。

图2.2.2　导入背景

（3）按"Ctrl+O"快捷键，弹出"打开"对话框，选择"素材\项目2\任务2"的"蓝玫瑰.png"图片，单击"打开"按钮，将图片拖动到画布右侧，命名为"图层3"，适当调整其大小和位置，如图2.2.3所示。

图2.2.3　导入素材

（4）按"Ctrl+O"快捷键，弹出"打开"对话框，选择"素材\项目2\任务2"的"眼线笔1.png"图片，单击"打开"按钮，将图片拖动到画布中，通过自由变换工具顺时针旋转90°。按上述方法依次导入"眼线笔2.png""眼线笔3.png""眼线笔4.png"图片，从上至下依次排列，使眼线笔呈横线构图，选中所有眼线笔图层，按"Ctrl+E"快捷键合并图层，命名为"图层4"，如图2.2.4所示。

图2.2.4　导入眼线笔素材

（5）按"Ctrl+O"快捷键，弹出"打开"对话框，选择"素材\项目2\任务2"的"logo.png"图片，单击"打开"按钮，将图片拖动到画布左上方，命名为"图层5"，适当调整其大小和位置，如图2.2.5所示。

图2.2.5　导入Logo素材

（6）新建文字图层6，输入"革命性最新科技"，字体设为"微软雅黑"，字号设为"26"，颜色设为"#e40056"，如图2.2.6所示。

图2.2.6　输入文字1

（7）新建文字图层7，输入"精确锁定流畅眼线"，字体设为"微软雅黑"，字号设为"36"，颜色设为"#ffffff"，图层不透明度设置为"80%"，如图2.2.7所示。

图2.2.7　输入文字2

（8）新建文字图层8，输入"史上最精准眼线笔头，秒杀定妆！"，字体设为"微软雅黑"，字号设为"16"，颜色设为"#ffffff"，图层不透明度设置为"70%"，如图2.2.8所示。

图2.2.8　输入文字3

（9）选中图层5、图层6、图层7、图层8，点击左对齐，使广告词和Logo左对齐，如图2.2.9所示，最终效果如图2.2.1所示。

图2.2.9　左对齐

活动评价

本活动学习了如何利用横线构图法设计广告。通过本活动的学习,让读者了解了如何使产品按照一定的排列顺序呈现出横线构图,并可以举一反三,设计出适合自己的品牌广告图。

合作实训

小程团队合作完成了横线构图促销广告图的设计和制作。请你根据小程团队的方法,制作一幅笔杆促销广告图,并对整个案例执行过程进行评价。

1.实训要求

(1)根据某网络科技有限公司提供的文案,打开"素材\项目2\任务2\测评素材"中的素材,用横线构图法设计笔杆广告图,参考效果如图2.2.10所示。

(2)图片尺寸为1 000像素×400像素,文字排版要求美观,突出主营业务。

图2.2.10　参考效果

2.过程评测

对整个案例执行过程进行评价,特别是对实训成果进行评价。评价主体包括实训本人、实训小组、指导教师及第三方,邀请"校中企"的企业专业人员参与评价,见表2.2.1。

表2.2.1　横线构图品牌广告图设计评价表

评价项目	色彩搭配	横线构图的应用	商品处理	职业素养
评价标准	A. 优秀 B. 合格 C. 不合格	A. 优秀 B. 合格 C. 不合格	A. 优秀 B. 合格 C. 不合格	A. 大有提升 B. 略有提升 C. 没有提升
自己评价				
小组评价				
教师评价				
第三方评价				
总评	修改建议			

说明:
①表格内按优秀、合格、不合格进行评价;
②请企业专业人士、客户等担当第三方参与评价;
③评为不合格的由指导老师注明原因及修改建议。

任务3 竖线构图案例

情境设计

本任务是某科技公司化妆品网站客户品牌的广告设计,用于推广品牌核心理念,引领天然护肤消费的时尚潮流。本任务是根据竖线构图法设计品牌广告图,竖线构图又称垂直线构图,即画面中以垂直线条为主,通常在运用竖线构图时,主体产品本身就符合竖线特征,竖线在人们的心里是符号化的象征,能充分展示主体的高大和深度。

任务分解

根据客户提供的品牌产品系列可知产品具有多样性,比较适合用堆叠式的表现手法,小程团队经过讨论后确定了完成任务的步骤:用竖线构图法设计促销广告图。

活动 竖线构图

活动背景

小程团队通过在网上搜索化妆品广告图的表现形式,决定把大自然的气息融入广告图中,产品使用堆叠式表现手法,文字排版使用颜色对比、大小对比的设计表现手法。

活动实施

引入竖线构图的广告,效果如图2.3.1所示。

图2.3.1 广告效果图

(1)启动Photoshop CS6软件,文件命名为"竖线构图",画布大小设为950像素×400像素。

(2)按"Ctrl+O"快捷键,弹出"打开"对话框,选择"素材\项目2\任务3"的"树林jpg"图片,单击"打开"按钮,将背景图拖动到画布中,命名为"图层1",通过自由变换工具适当地调整其大小和位置,如图2.3.2所示。

图2.3.2　导入背景素材

（3）按"Ctrl+O"快捷键，弹出"打开"对话框，选择"素材\项目2\任务3"的"青苔.png"图片，单击"打开"按钮，将图片拖动到画布右侧，命名为"图层2"，适当调整其大小和位置，如图2.3.3所示。

图2.3.3　导入青苔素材

（4）按"Ctrl+O"快捷键，弹出"打开"对话框，选择"素材\项目2\任务3"的"产品1.png、产品2.png、产品3.png、产品4.png、产品5.png"素材，单击"打开"按钮，将图片拖动到画布中，依次命名为"图层3""图层4""图层5""图层6""图层7"，如图2.3.4所示。

图2.3.4　导入产品素材

（5）使用"移动"工具并适当调整图层顺序，将产品进行堆叠式摆放，形成竖线构图，如图2.3.5所示。

（6）按"Ctrl+O"快捷键，弹出"打开"对话框，选择"素材\项目2\任务3"的"草1.png、草2.png"图片，单击"打开"按钮，分别将图片拖动到画布产品左右两侧，依次命名为"图层8""图层9"，如图2.3.6所示。

图2.3.5　产品堆叠式摆放

图2.3.6　导入草素材

（7）按"Ctrl+O"快捷键，弹出"打开"对话框，选择"素材\项目2\任务3"的"叶子.png"图片，单击"打开"按钮，分别将图片拖动到画布中，命名为"图层10"。按"Ctrl+J"快捷键3次，连续复制图层10复制出3片叶子，通过自由变换工具对叶子进行缩小和旋转角度，制造出叶子飘起的效果，如图2.3.7所示。

图2.3.7　导入叶子素材

（8）新建文字图层14，输入"百省羚草本"，字体设为"微软雅黑"，字号设为"56"，颜色设为"#fffe00"，如图2.3.8所示。

（9）选中文字图层，选择图层混合模式为"叠加"，复制该图层增加叠加效果，如图2.3.9所示。

图2.3.8　输入文字

图2.3.9　文字图层混合模式叠加

（10）新建文字图层16，输入"'水美人'润白超值套装"，字体设为"方正小标宋"，字号设为"30"，颜色设为"#fffe00"，最终效果如图2.3.1所示。

活动评价

本活动学习了如何利用竖线构图法设计广告。通过本活动的学习，让读者了解了如何用产品进行竖线构图，多个产品如何进行堆叠式摆放，并可以举一反三，设计出适合自己的品牌广告图。

合作实训

小程团队合作完成了竖线构图促销广告图的设计和制作。请你根据小程团队的方法，制作一幅化妆品促销广告图，并对整个案例执行过程进行评价。

1.实训要求

（1）根据观悦网络科技有限公司提供的文案，打开"素材\项目2\任务3\测评素材"中的素材，用竖线构图法设计化妆品促销广告图，参考效果如图2.3.10所示。

（2）图片尺寸为1 920像素×600像素，文字排版要求美观，突出主营业务。

2.过程评测

对整个案例执行过程进行评价，特别是对实训成果进行评价。评价主体包括实训本人、实训小组、指导教师及第三方，邀请"校中企"的企业专业人员参与评价，见表2.3.1。

图2.3.10　参考效果

表2.3.1　竖线构图品牌广告图设计评价表

评价项目	色彩搭配	竖线构图的应用	商品处理	职业素养
评价标准	A. 优秀 B. 合格 C. 不合格	A. 优秀 B. 合格 C. 不合格	A. 优秀 B. 合格 C. 不合格	A. 大有提升 B. 略有提升 C. 没有提升
自己评价				
小组评价				
教师评价				
第三方评价				
总评		修改建议		
说明： ①表格内按优秀、合格、不合格进行评价； ②请企业专业人士、客户等担当第三方参与评价； ③评为不合格的由指导老师注明原因及修改建议。				

任务4　曲线构图案例

情境设计

本任务是设计某科技公司手机配件的广告，通过在网站广告区发布手机配件广告，以达到宣传和推广品牌的目的。本任务是根据曲线构图法设计品牌广告图，曲线具有延长、变化的特点，使其看上去具有韵律感，显得优美、雅致、协调。

任务分解

根据客户提供的手机配件产品可知该产品具有女性化的特性，比较适合用曲线体现出唯美的感觉，小程团队经过讨论确定了完成任务的步骤：用曲线构图法设计促销广告图。

活动　曲线构图

曲线构图

活动背景

小程团队根据客户提供的手机配件产品,筛选出适合于体现曲线排版的角度,文字排版运用色彩对比、大小对比的手法,文案简明,主次分明。

活动实施

广告效果如图2.4.1所示。

图2.4.1　广告效果图

(1)启动Photoshop CS6软件,文件命名为"曲线构图",画布大小设为948像素×336像素。

(2)采用对称渐变填充"图层1",颜色采用粉色(#fabec0)和浅粉色(# fcd8d8),如图2.4.2所示。

图2.4.2　渐变背景

(3)新建"图层2",用油漆桶工具填充为白色(#ffffff),使用柔角画笔,画笔大小设置为"300",前景色采用粉色(#fbb4b5),在画布顶部两侧涂抹,并将"图层2"不透明度设置为"60%",如图2.4.3所示。

图2.4.3　涂抹背景

（4）新建"图层3"，前景色采用粉色(#fbb4b5)，在画布底部两侧涂抹，如图2.4.4所示。

图2.4.4　绘制底部背景效果

（5）新建"图层4"，选择钢笔工具，画出曲线路径，并填充颜色(#e3585d)，为图层添加矢量蒙版，使用柔角画笔，画笔大小设置为"300"，前景色采用黑色(#000000)，涂抹出渐变曲线形态，如图2.4.5所示。

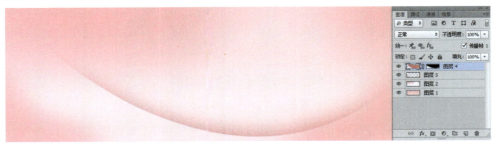

图2.4.5　绘制渐变曲线

（6）连续复制3次"图层4"，命名为"图层5""图层6""图层7"，分别通过自由变换工具旋转曲线，并适当调整其大小和位置，如图2.4.6所示。

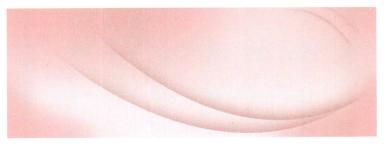

图2.4.6　复制曲线

（7）新建文字"图层8"，使用柔角画笔，画笔大小设置为"300"，前景色采用白色(#ffffff)，在左上角区域涂抹出高光，如图2.4.7所示。

（8）按"Ctrl+O"快捷键，弹出"打开"对话框，选择"光盘\素材\项目2\任务4"的"手机1.png"和"手机2.png"素材，单击"打开"按钮，将图片拖动到画布中，使3台手机按曲线排列，分别命名为"图层9"和"图层10"，如图2.4.8所示。

图2.4.7　绘制高光效果

图2.4.8　导入手机素材

（9）新建"图层11"，用矩形工具绘制红色（#c90a19）矩形色块，新建文字"图层12"，输入"IPHONE"，字体设为"Arial"，字号设为"21"，颜色设为"#ffffff"，如图2.4.9所示。

图2.4.9　绘制矩形块并输入文字

（10）新建文字"图层13"，输入"春季手机新品预售发布"，字体设为"微软雅黑"，字号设为"34"，颜色设为"#000000"，如图2.4.10所示。

图2.4.10　输入文字

（11）新建文字"图层14"，输入"国产原装 配件齐全 团队专业"，字体设为"微软雅黑"，字号设为"18"，颜色设为"#696969"，重点字的颜色设为"#c90a19"，如图2.4.1所示。

活动评价

本活动学习了如何利用曲线构图法设计广告。通过本活动的学习，让读者了解了如何使产品按照一定的排列顺序呈现出曲线构图，达到曲线美的效果，并可以举一反三，设计出适合自己品牌的广告图。

合作实训

小程团队合作完成了曲线构图促销广告图的设计和制作。请你根据小程团队的方法，制作完成一幅拖鞋促销广告图，并对整个案例执行过程进行评价。

1.实训要求

（1）根据某网络科技有限公司提供的文案，打开"素材\项目2\任务4\测评素材"中的素材，用曲线构图法设计拖鞋广告图，参考效果如图2.4.11所示。

（2）图片尺寸为950像素×480像素，文字排版要求美观，突出主营业务。

图2.4.11 参考效果

2.过程评测

对整个案例执行过程进行评价，特别是对实训成果进行评价。评价主体包括实训本人、实训小组、指导教师及第三方，邀请"交中企"的企业专业人员参与评价，见表2.4.1。

表2.4.1 曲线构图品牌广告图设计评价表

评价项目	色彩搭配	曲线构图的应用	商品处理	职业素养
评价标准	A. 优秀 B. 合格 C. 不合格	A. 优秀 B. 合格 C. 不合格	A. 优秀 B. 合格 C. 不合格	A. 大有提升 B. 略有提升 C. 没有提升
自己评价				
小组评价				

续表

评价项目	色彩搭配	曲线构图的应用	商品处理	职业素养
教师评价				
第三方评价				
总评	修改建议			

说明：
①表格内按优秀、合格、不合格进行评价；
②请企业专业人员、客户等担当第三方参与评价；
③评为不合格的由指导老师注明原因及修改建议。

任务5　对角线构图案例

情境设计

某旅游公司需要进行广东省连平县旅游线路推广,学校电子商务服务中心接受了设计广告的任务。因此,学校电子商务中心美工团队要去了解对角线构图平面广告的设计要求、了解提高广告点击率的视觉优化策略、对色彩搭配要求协调,对文字排版要求美观。

任务分解

根据客户提供的景点图片,比较适合用对角线的设计表现形式,小程团队经过讨论后确定完成任务的步骤:用对角线构图法设计促销广告。

活动　设计对角线广告

活动背景

小程团队根据客户提供的景点图片,结合在网上搜索旅游推广广告图常用的表现形式,决定采用对角线构图方式进行广告设计,文字排版使用大小对比、拼音与文字混排的设计表现手法。

活动实施

最终效果如图2.5.1所示。

图2.5.1　效果图

（1）启动Photoshop CS6软件，将文件命名为"对角线平面构图广告"，画布大小设为640像素×1 008像素，背景色设为白色。

（2）在图层1上画出以下图形，作为主体图片的轮廓，如图2.5.2所示。

（3）新建"图层2"，按住"Alt"键，单击"图层1"，将光标移至"图层2"，将"素材\项目2\任务5\桃花.jpg"粘贴入选区，效果如图2.5.3所示。

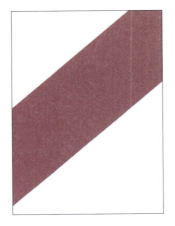

图2.5.2　图的轮廓

图2.5.3　中部对角线图

（4）添加"连平"及"Lian Ping"文字，中文字颜色为黑色，拼音字颜色为"#e7376a"。

（5）新建图层3，单击单行选区工具，填充颜色为"#b1aaad"，效果如图2.5.4所示。

（6）继续添加文字"连平""Lian Ping""上坪桃花""Shangping Taohua""广州市新游旅行社有限公司""The New Travel Co.,Ltd Guangzhou City"文字，用上面的方法添加相应的分隔线，效果如图2.5.5所示。

图2.5.4　添加文字

图2.5.5　添加文字及分隔线效果

（7）添加图层4，并以整个画面一半的位置添加选区，并填充为白色，如图2.5.6所示。此白色图层的目的是使分隔线的宽度可以一致，并可以适当地调整。将图层4往下移，遮住分隔线，并把字和图片显示出来，效果如图2.5.7所示。

图2.5.6　添加白色选区

图2.5.7　调整图层后效果

（8）添加文字"踏春访古自驾行之一""在那桃花盛开的地方"。字体颜色设为"#e7376a"，最终效果如图2.5.1所示。

知识窗

对角线式构图又称斜向式构图，是指用倾斜的线条、影调或呈倾斜状的物体把画面的对角连接起来。这是一种动态的画面布局，它有意识地打破画面平淡的静止状态，给人一种倾斜或不稳定的感觉，表现出向上或向下的斜向运动，运用得好，能表现运动的速度感。在摄影中运用较多，如图2.5.8所示。

在平面构图中，运用对角线构图这种手法，使画面打破平静，打破平衡，充满强烈的运动速度感，如图2.5.9所示。当斜线角度越大，速度感就越强；当与对角线平行时，画面的速度感最强。

图2.5.8　摄影中的对角线构图

图2.5.9　平面设计中的对角线构图

把主体放在对角线上,能够有效地利用画面对角线的长度,同时也能使主体与广告词发生直接关系,富于动感,显得活泼,容易吸引人的眼球。

活动评价

通过对角线构图的应用,使读者更清晰认识对角线构图的要点及其优势。它可以打破画面平淡的静止状态,也能使画面显得更加活泼,更能吸引人的眼球。

合作实训

学校电子商务中心接到了旅游公司合作的项目,要为"孔雀东南飞"风景区做一个微信营销广告。

1.实训要求

(1)根据旅游公司提供的素材,用对角线构图方式设计广告图,参考效果如图2.5.10所示。

(2)打开"素材\项目2\任务5\测评素材"中的素材,图片尺寸为640像素×1 008像素,文字排版要求美观,突出主营业务。

2.过程评测

对整个案例执行过程进行评价,特别是对实训成果进行评价。评价主体包括实训本人、实训小组、指导教师及第三方,邀请"校中企"的企业专业人员参与评价,见表2.5.1。

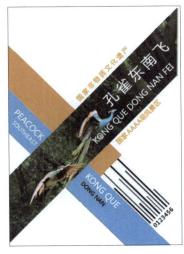

图2.5.10　参考效果

表2.5.1　店铺推广图设计评价表

评价项目	色彩搭配	对角线构图的应用	关键字及设计效果	职业素养
评价标准	A. 优秀 B. 合格 C. 不合格	A. 优秀 B. 合格 C. 不合格	A. 优秀 B. 合格 C. 不合格	A. 大有提升 B. 略有提升 C. 没有提升
自己评价				
小组评价				
教师评价				
第三方评价				
总评	修改建议			

说明：
①表格内按优秀、合格、不合格进行评价；
②请企业专业人员、客户等担当第三方参与评价；
③评为不合格的由指导老师注明原因及修改建议。

项目总结

　　本项目了解黄金分割构图、横线构图、竖线构图、曲线构图、对角线构图等常用的网络广告构图方法。通过项目学习，掌握了广告图的视觉设计手法、色彩搭配、文字排版；感受到构图的形式美，领悟了构图在不同类型、不同风格的网络广告作品中起到组织画面、辅助主题表达的重要作用。如何构图排版是本项目的任务难点，也是网络广告设计的核心技能之一。通过项目实际案例的学习，培养对设计构想的表达能力，提高网络广告设计的能力，培养分析构图形式及创作意图的能力，能灵活运用不同的构图方法来完成设计。树立国货自强的意识，强化使命担当。同时注重广告设计中的价值塑造，在网络广告设计中注重设计的原创性，知识产权性、用词恰当性等因素，实现职业素养、思政教育和能力培养多元合一。

项目3 网络广告常用的设计手法

项目概述

　　小程和小袁在日常工作中需要根据店铺运营人员的要求以及店铺近期开展的活动设计相应的广告图片，由于不同的活动对图片有不同的要求，因此他们必须使用不同的设计手法进行网络广告的设计与制作。本项目使用的是比较常用的广告手法，特点是广告语部分比较多，背景素材图片较少，主要是以文字搭配简单图形，是一种比较传统的广告展示形式。它的优点是快捷方便，通用性强。根据以往的制作经验，本项目共使用了8种不同的设计手法，完成相关广告的制作。经过讨论，小程团队决定利用文案的排版设计为主，突出广告的点、线、面，使广告设计更有层次感，最后加上合理的背景设计，搭配好颜色，以完成相应的广告设计。

项目目标

　　学习完本项目后，将达到以下目标：

知识目标

▷ 了解网络广告常用的设计手法；
▷ 了解各种设计手法的应用场景；
▷ 了解不同设计手法之间的差别；
▷ 了解各种设计手法的使用技巧。

能力目标

▷ 学会使用不同的设计手法完成网络广告的设计；
▷ 学会根据不同的设计手法完成广告的修改和优化。

素质目标

▷ 培养团队协作精神和沟通能力；
▷ 培养团队自主探究的学习意识；
▷ 培养学生正确的设计理念；
▷ 激励学生发挥低碳、绿色的设计灵感。

项目思维导图

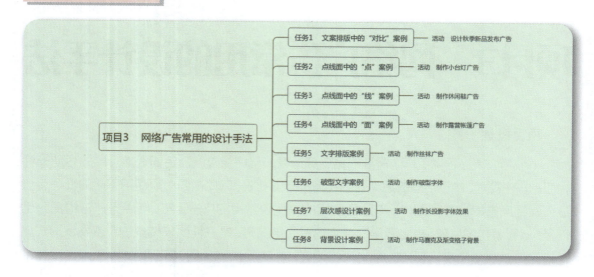

任务1 文案排版中的"对比"案例

情境设计

某科技公司需要制作一张"新品发布"文案排版类型的网络广告图片，要求重点突出，排版合理，颜色搭配美观大方。这个任务需要小程独立完成。小程经过思考，决定采用文案排版中的"对比"设计手法，完成这张广告图片的制作。

任务分解

本任务是文案排版设计，需要突出"秋季新品发布"字样，吸引顾客眼球，从而提高广告的点击率。小程决定采用3种对比设计手法：运用色彩对比、大小对比、粗细对比的手法，突出重点；运用直线和曲线的对比手法，使画面更具设计感；整体采用红、黄、白三色进行搭配，简洁大方。

活动 设计秋季新品发布广告

活动背景

小程以"秋季新品发布"字体排版为例，大量查阅相关网站、相关字体的排版案例，分别对色彩对比、大小对比、粗细对比的手法及其优缺点做了初步分析，针对画面的设计感、颜色搭配做了相关的制作方案。所以他决定在本活动中充分利用对比手法来体现产品的亮点。

文案排版中的
"对比"

活动实施

广告最终的完成效果如图3.1.1所示。

图3.1.1 广告效果图

（1）启动Photoshop CS6软件，将文件命名为"文案排版中的对比"，画布大小设为1 000像素×400像素。

（2）新建"图层1"，采用深红色（#780001）对图层进行填充。

（3）新建"图层2"，使用椭圆选框工具，按快捷键"Shift+Alt"在图层上绘制一个圆形选区，调整好选区的位置之后，采用黄色（#ffcc00）对选区进行填充，如图3.1.2所示。

图3.1.2 采用"颜色对比"手法设置好背景颜色

（4）新建文字图层，输入相应的文字，并设置字体为"微软雅黑"，颜色设为白色，并使用大小对比和粗细对比等设计手法，对字体的粗细、字体大小等参数进行设置，如图3.1.3所示。

图3.1.3 采用"大小对比、粗细对比"手法设置好字体大小及粗细

（5）对"秋季新品发布"文字图层进行栅格化，并且复制该图层为"秋季新品发布 副本"，按下"Ctrl"键并单击该图层缩略图载入选区之后，采用深红色（#780001）对文字进行填充，如图3.1.4所示。

图3.1.4　对"秋季新品发布"文字图层副本进行颜色填充

（6）按"Ctrl"键并单击"图层2"缩略图，载入黄色部分选区，并选择反向，再选中"秋季新品发布 副本"图层，按"Delete"键删除文字左侧部分，如图3.1.5所示。

图3.1.5　删除"秋季新品发布 副本"图层左侧部分

（7）按快捷键"Ctrl+D"，取消选区，并且新建"图层3"，使用直线工具，参数设置为"像素"、粗细为1像素，在图中绘制一条直线，完成最终效果的制作，如图3.1.1所示。

知识加油站

对比有很多种，大小对比、颜色对比、形状对比、粗细对比、质感对比、直线与曲线对比、立体与平面对比等，如图3.1.6、图3.1.7所示。在设计中适度使用对比能够起到很好的效果。

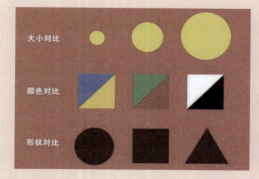

图3.1.6　常见的对比

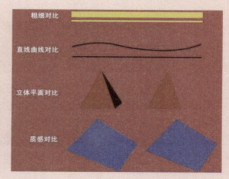

图3.1.7　线、面、质感的对比

活动评价

　　小程通过使用粗细对比、大小对比、色彩对比、直线曲线对比等对比设计手法，顺利完成了新品发布广告的制作。在制作过程中，他认识到简单大方的对比设计，会让人更加注意广告中的主要信息，从而取得良好的设计效果。

合作实训

　　小程通过使用对比的设计手法完成了新品发布广告的制作。请你根据小程的设计方法，制作一张类似的新品发布广告，并对整个案例执行过程进行评价。

1.实训要求

　　（1）打开"素材\项目3\任务1"文件夹下的"模特.png"和"要求.txt"，参考效果如图3.1.8、图3.1.9所示，使用对比的方式对文案进行排版设计。

　　（2）图片尺寸为1 000像素×400像素，文字排版要求美观，突出活动主题。

图3.1.8　参考效果1

图3.1.9　参考效果2

2.过程评测

　　对整个案例执行过程进行评价，特别是对实训成果进行评价。评价主体包括实训本人、实训小组、指导教师及第三方，邀请"校中企"的企业专业人员参与评价，见表3.1.1。

表3.1.1　文案排版中的"对比"设计评价表

评价项目	对比手法的使用	构图与色彩搭配	整体效果	职业素养
评价标准	A. 优秀 B. 合格 C. 不合格	A. 优秀 B. 合格 C. 不合格	A. 优秀 B. 合格 C. 不合格	A. 大有提升 B. 略有提升 C. 没有提升
自己评价				
小组评价				
教师评价				
第三方评价				
总评		修改建议		

说明:
①表格内按优秀、合格、不合格进行评价;
②请企业专业人士、客户等担当第三方参与评价;
③评为不合格的由指导老师注明原因及修改建议。

任务2　点线面中的"点"案例

情境设计

某科技公司运营组给小程和小袁安排了一项制作小台灯海报的任务,企业提供了台灯产品图、云朵素材,要求文案排版美观,色彩搭配协调,重点突出。小程和小袁经过商量后,决定使用点线面中"点"的设计手法,完成这张电子商务海报的制作。

任务分解

本作品是文案排版设计,需要采用相关的"对比"设计手法,突出"秋季新品发布"字样,吸引顾客眼球,从而提高广告的点击率。在设计中,小程决定采用3种手法:在图中添加树叶、白云等"点"元素活跃版面;采用"点"的形式显示产品价格,起到引导顾客阅读的作用;整体采用绿色、白色进行搭配,简洁大方,主题突出。

活动　制作小台灯广告

活动背景

小程和小袁通过网络等途径,认真学习了海报制作的"点"设计相关手法,并对比了其他热销产品的海报设计,决定和小伙伴们开始设计电子商务海报。

点线面中的"点"

活动实施

最终的广告设计效果如图3.2.1所示。

图3.2.1　广告效果图

（1）启动Photoshop CS6软件，将文件命名为"点线面中的点"，画布大小设为1 000像素×400像素。

（2）打开"素材\项目3\任务2"文件夹下的"背景.jpg"，并将其拖入画布中，对其大小和位置进行适当调整，如图3.2.2所示。

图3.2.2　使用背景素材对画布进行填充

（3）打开"素材\项目3\任务2"文件夹下的"绿色.png"素材，拖入画布中，将图层置于最顶层，在背景上增加一点绿色效果，如图3.2.3所示。

图3.2.3　在背景上增加一点绿色效果

（4）打开"素材\项目3\任务2"文件夹下的"山.png"和"草地1.png"素材，拖入画布中，并适当调整其大小和位置。将画笔颜色设置为黑色（#000000），图层混合模式设置为"柔光"，使用"画笔"工具在"山.png"的相应位置处进行涂抹，突出山的立体感，如图3.2.4所示。

（5）使用同样的方法制作另外两座悬浮山体的效果。打开"素材\项目3\任务2"文件夹下的"树.png"，放到右边的山体上，并复制图层，点击"编辑"→"变换"菜单中的"垂直翻转"命令，对图层进行垂直翻转，并给翻转后的图层增加"图层蒙版"，用黑色画笔在蒙版上进行涂抹，制作树的倒影效果，如图3.2.5所示。

图3.2.4　制作天空中悬浮的山体效果

图3.2.5　制作另外两座悬浮山体的效果

（6）打开"素材\项目3\任务2"文件夹下的"灯.png"，放到中间的山体上，调整其大小和位置，并制作倒影效果，如图3.2.6所示。

图3.2.6　添加产品素材并制作倒影效果

（7）对山体和灯的位置进行适当调整，在画布的相应位置处输入文案，设置文字颜色为绿色（#5e9c34），并对文字大小和字体进行设置，如图3.2.7所示。

图3.2.7　在画布中输入文案

（8）选择椭圆工具，前景色设置为绿色（#97b90f），新建一个图层，在图中绘制一个绿色正圆形，输入相应的促销文案并设置其字体大小和颜色，如图3.2.8所示。

图3.2.8　促销标签作为"点"元素在这里起到了引导作用

（9）打开"素材\项目3\任务2"文件夹下的"叶子1.png"和"叶子2.png"，添加到画布中的相应位置,活跃整个版面,如图3.2.9所示。

图3.2.9　叶子作为"点"元素在这里起到了活跃版面的作用

知识加油站

　　"点"即灵动,可以起到活跃版面的作用,如图3.2.10所示。除此之外还起到引导和烘托气氛的作用,如图3.2.11所示。

图3.2.10　用点来堆积出设计的灵动性,活跃版面

图3.2.11　用点元素来区分和引导

活动评价

小程团队首先根据产品特点确定了广告的主色调为绿色,很好地营造出低碳和绿色的氛围,然后通过采用对比的设计手法,突出了广告的重点。再恰当使用广告设计中"点"的设计手法,合理地添加"点"元素,使广告更加生动美观,达到了非常好的设计效果。

合作实训

小程团队合作完成了产品海报的设计。请你根据小程团队的方法,制作一张促销广告图,并对整个案例执行过程进行评价。

1.实训要求

(1)打开"素材\项目3\任务2"文件夹下的商品素材和"要求.txt",参考案例图3.2.12模仿设计一幅促销广告图,用"点的烘托气氛作用"把所提供的商品体现出来。

(2)图片尺寸为900像素×400像素。

图3.2.12　参考效果图

2.过程评测

对整个案例执行过程进行评价,特别是对实训成果进行评价。评价主体包括实训本人、实训小组、指导教师及第三方,邀请"校中企"的企业专业人员参与评价,见表3.2.1。

表3.2.1 点线面中的"点"设计评价表

评价项目	"点"元素的使用	构图与色彩搭配	整体效果	职业素养
评价标准	A.优秀 B.合格 C.不合格	A.优秀 B.合格 C.不合格	A.优秀 B.合格 C.不合格	A.大有提升 B.略有提升 C.没有提升
自己评价				
小组评价				
教师评价				
第三方评价				
总评		修改建议		
说明: ①表格内按优秀、合格、不合格进行评价; ②请企业专业人士、客户等担当第三方参与评价; ③评为不合格的由指导老师注明原因及修改建议。				

任务3 点线面中的"线"案例

情境设计

小程和小袁在"双十一"期间接到了运营部下达的广告设计任务,他们需要根据"双十一"活动的需要,完成一张电子商务男鞋海报图的设计,要求排版美观,色彩搭配协调。他们决定使用点线面中"线"的设计手法,完成这张广告的制作。

任务分解

本任务是一张电子商务男鞋海报图,需要采用点线面中"线"的相关知识进行设计,让画面更加生动美观,并突出产品的时尚感。根据公司要求,他们将采用以下几种方法:运用"线"区分区域内容的作用,对画面进行区分;合理运用"线"的生动美观特性,使画面更具设计感;整体采用绿、黄、白三色进行搭配,简洁大方。

活动　制作休闲鞋广告

活动背景

客户提供了真皮反绒休闲鞋的产品素材,小程和小袁认真学习了相关用到"线"设计手法的海报,然后归类分析,结合提供的素材定好绿色主色调,查找可用的素材,做好设计前的各项准备工作,决定现在开始设计这张海报。

活动实施

广告最终效果如图3.3.1所示。

图3.3.1　点线面中"线"的应用效果

（1）启动Photoshop CS6软件,文件命名为"点线面中的线",画布大小为950像素×400像素。

（2）新建"图层1",采用浅绿色(#9dbd2c)对图层进行填充。

（3）新建"图层2",使用多边形套索工具,在图层中绘制一个三角形选区,调整好选区的大小和位置之后,采用黄色(#dae024)对选区进行填充。使用同样的方法,再绘制一个三角形的白色区域,如图3.3.2所示。

图3.3.2　设置好区域颜色的同时生成"线"

（4）新建"图层4",选择钢笔工具,确定"工具模式"为"形状",设置"形状填充类型"为"无","描边颜色"为绿色(#698203),"描边类型"为"虚线","描边粗细"为"2点",在图中的相应位置处绘制一条虚斜线,并使用深绿色(#7d8100)在图中绘制另一条类似的虚线,如图3.3.3所示。

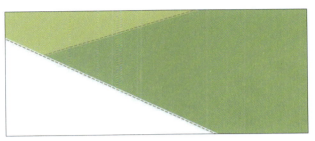

图3.3.3 在图中绘制两条虚线

（5）打开"素材\项目3\任务3"文件夹下的"鞋子1.png"，拖入画布中，将图层重命名为"鞋子1"，调整其大小和位置并复制该图层为"鞋子1 副本"，移动副本图层到"鞋子1"图层下方，选择"编辑"→"变换"命令，并单击"垂直翻转"对该图层进行垂直翻转。给该图层添加一个"图层蒙版"，并选择画笔工具，颜色设置为黑色。在"图层蒙版"上进行涂抹，绘制一个倒影效果。可以使用同样的方法，再绘制一个倒影效果，达到更加逼真的效果，如图3.3.4所示。

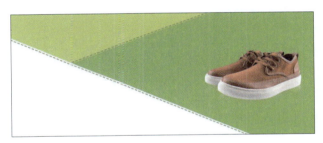

图3.3.4 给鞋子添加倒影效果

（6）打开"素材\项目3\任务3"文件夹下的其他鞋子素材图片，拖入画布中并调整好位置，再添加颜色和说明文字，如图3.3.5所示。

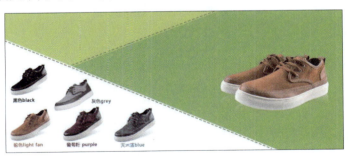

图3.3.5 添加鞋子素材和说明文字

（7）在画布的相应位置处输入文案，设置文字的大小、颜色，并使用前面的方法，在文案中间绘制一条虚线，如图3.3.6所示。

（8）在画布右上角绘制一个圆形并填充为黄色（#fcff29），输入相应的文字，并绘制一条绿色直线将文字隔开，完成最终效果的制作，如图3.3.1所示。

图3.3.6　添加文案效果

知识窗

　　"线"的用途主要有活跃版面、区分区域内容以及串联与引导作用。在设计时要根据不同的情况,合理使用"线"进行设计,达到想要的效果,如图3.3.7—图3.3.9所示。

图3.3.7　"线"能活跃版面,生动好看

图3.3.8　"线"的区分区域和内容的作用

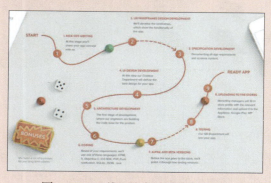

图3.3.9　"线"的串联和引导作用

活动评价

小程团队首先根据产品特点确定了广告的主色调,很好地营造出低碳白色和绿色的氛围,然后通过采用对比的设计手法,突出了广告的重点。再恰当使用广告设计中"线"的设计手法,合理设计,使广告更加生动美观,达到了非常好的设计效果。

合作实训

小程团队合作完成了这张"双十一"活动海报的制作。请你根据小程团队的方法,制作一张服装促销广告图,并对整个案例执行过程进行评价。

1.实训要求

(1)打开"素材\项目3\任务3"文件夹下的素材,用"点线面中的线"的"串联与引导作用"设计服装促销广告图,如图3.3.10所示。

(2)图片尺寸为1 000像素×450像素,可参考素材中的元素。

图3.3.10　参考效果图

2.过程评测

对整个案例执行过程进行评价,特别是对实训成果进行评价。评价主体包括实训本人、实训小组、指导教师及第三方,邀请"校中企"的企业专业人员参与评价,见表3.3.1。

表3.3.1　店铺推广图设计评价表

评价项目	合理使用"线"进行设计	构图和色彩搭配	整体效果	职业素养
评价标准	A. 优秀 B. 合格 C. 不合格	A. 优秀 B. 合格 C. 不合格	A. 优秀 B. 合格 C. 不合格	A. 大有提升 B. 略有提升 C. 没有提升
自己评价				
小组评价				
教师评价				
第三方评价				
总评	修改建议			

说明:
①表格内按优秀、合格、不合格进行评价;
②请企业专业人士、客户等担当第三方参与评价;
③评为不合格的由指导老师注明原因及修改建议。

任务4   点线面中的"面"案例

情境设计

某科技公司最近接到了户外运动产品卖家的网店装修业务,公司主管将这个业务安排给了小程和小袁。在网店装修过程中,需要设计一张户外帐篷海报。要求排版美观,色彩搭配协调,重点突出。小程和小袁决定使用点线面中的"面"完成这张海报的设计。

任务分解

本任务是户外帐篷海报设计,使用点线面中"面"的主体作用进行设计,突出产品的"运动户外"特点,吸引顾客眼球,从而提高广告的点击率。经过小程详细的设计,他们决定采用以下手法:在图中添加"草地""蓝天"等元素体现产品"户外"特点;在图中放入产品,作为一个"面"元素吸引顾客眼球;对文案进行合理排版,作为另外一个"面"元素,展示商品信息;整体采用绿色、蓝色、黄色进行搭配,简单清新,突出主题。

活动   制作露营帐篷广告

活动背景

客户提供了露营帐篷的产品素材,小程和小袁认真学习了相关"面"设计的手法,然后归类分析,结合提供的素材定好主色调,查找可用的素材,做好设计前的各项准备工作,决定开始设计这张海报。

活动实施

最终的完成效果如图3.4.1所示。

图3.4.1   点线面中的"面"案例效果图

(1)启动Photoshop CS6软件,文件命名为"点线面中的'面'",画布大小设为790像素×310像素,背景为白色。

（2）打开"素材\项目3\任务4"文件夹下的"草地.jpg"，并将其拖入画布中，对其大小和位置进行适当调整，给图层添加一个图层蒙版，使用"黑色—白色"渐变，在蒙版上进行渐变填充，制作一个图片上方半透明的效果，如图3.4.2所示。

图3.4.2　使用图层蒙版制作一个图片上方半透明的效果

（3）打开"素材\项目3\任务4"文件夹下的"蓝天.jpg"，拖入画布中，对其大小和位置进行适当调整，给图层添加一个图层蒙版，使用同样的方法，制作一个图片下方半透明的效果，将两张图片融合在一起，如图3.4.3所示。

图3.4.3　使用图层蒙版将两张图片融合在一起

（4）新建一个图层，使用钢笔工具，在图中绘制一个三角形选区，填充为黑色，将图层不透明调整为"36%"，使用"高斯模糊"滤镜对其进行模糊操作，制作一个投影效果。使用同样的方法，对投影进行细节优化，如图3.4.4所示。

图3.4.4　制作帐篷投影效果

（5）新建一个图层，使用"画笔"工具，将画笔大小调整为"300"，"画笔硬度"调整为"0"，前景色设置为白色，在画布中的相应位置进行涂抹，绘制一个白色区域，如图3.4.5所示。

图3.4.5　绘制一个白色区域

（6）打开"素材\项目3\任务4"文件夹下的"帐篷.jpg"，拖入画布中，对其大小和位置进行适当调整，如图3.4.6所示。

图3.4.6　将帐篷拖入画布中，形成一个"面"元素

（7）新建一个图层，使用矩形选框工具在图中相应位置处绘制一个矩形选区，填充颜色为橘色（#ed6100），按快捷键"Ctrl+T"打开自由变换工具，按住快捷键"Ctrl+Shift"的同时，在矩形的任意一个直角上进行拖动，对矩形进行"斜切"处理，输入文案并设置字体为"微软雅黑"，字号为"19"，颜色为白色，如图3.4.7所示。

图3.4.7　绘制矩形并输入文案

（8）使用文字工具在画布中输入其他文案，并设置字体大小、字体颜色（#0b7ed7）等参数，如图3.4.8所示。

图3.4.8　在画布中输入其他文案

（9）新建一个图层，使用直线工具，在图中绘制一条蓝色（#0b7ed7）直线，使用橡皮擦工具，设置"硬度"为"0"，在直线的两端运行涂抹，并复制一个图层，移动到相应位置，完成最终效果的制作，如图3.4.1所示。

知识窗

一个设计中，点和线都是辅助元素，装饰性大于实用性。面是设计中占最大比例的元素，是设计中最重要的表现部分。很多时候一幅图上不止一个面，最好的方法就是分出轻重，重的部分用大面积展示，轻的部分用小面积展示，如图3.4.9、图3.4.10所示。

图3.4.9　右图中的红色部分为"面"

图3.4.10　右图中的红色部分为"面"

活动评价

小程团队结合店铺装修风格和产品的特点，使用绿色、蓝色为主色调，并点缀橙色使整张图色彩搭配和谐，重点突出。同时，采用"对比""面"等设计手法，突出主要内容，达到了很好的设计效果。

合作实训

小程团队合作完成了户外帐篷海报的制作。请你根据小程团队的方法，制作一张促销广告图，并对整个案例执行过程进行评价。

1.实训要求

（1）打开"素材\项目3\任务4"文件夹下的"参考广告图.jpg"和"商品图.png"，参考案例图模仿设计一幅促销广告图，参考效果如图3.4.11所示。

（2）图片尺寸设为900像素×400像素，要求体现出"面"的主体作用。

图3.4.11　参考效果图

2.过程评测

对整个案例执行过程进行评价，特别是对实训成果进行评价。评价主体包括实训本人、实训小组、指导教师及第三方，邀请"校中企"的企业专业人员参与评价，见表3.4.1。

表3.4.1　点线面中的"面"设计评价表

评价项目	"面"元素的使用	构图与色彩搭配	整体效果	职业素养
评价标准	A. 优秀 B. 合格 C. 不合格	A. 优秀 B. 合格 C. 不合格	A. 优秀 B. 合格 C. 不合格	A. 大有提升 B. 略有提升 C. 没有提升
自己评价				
小组评价				
教师评价				
第三方评价				
总评	修改建议			

说明：
①表格内按优秀、合格、不合格进行评价；
②请企业专业人士、客户等担当第三方参与评价；
③评为不合格的由指导老师注明原因及修改建议。

任务5　文字排版案例

情境设计

　　小程团队打算为一款丝袜产品制作上新广告图,广告图要包含季节特性、活动阶段、活动时间,促销信息等。为了更好地展现产品,突出活动信息,需要合理排版广告图的文案内容。

任务分解

　　一番学习之后,小程团队觉得文字排版的关键在于确定主题、关键词,选择合理的文字排版方式,突出产品的优惠亮点,吸引顾客眼球,从而提高广告的点击率。

活动　制作丝袜广告

活动背景

　　客户提供了产品素材和文案素材,小程和小袁认真学习了相关文字排版的手法,然后归类分析,结合提供的素材定好主色调,查找可用的素材,做好设计前的各项准备工作后,开始设计这个海报。

活动实施

文字排版后最终效果如图3.5.1所示。

图3.5.1　文字排版效果图

　　(1)启动Photoshop CS6软件,文件命名为"文字排版",画布大小为1 920像素×650像素。

　　(2)绘制如下形状,并添加投影制作海报背景,参考效果如图3.5.2所示。

　　(3)打开"素材\项目3\任务5"文件夹下的"模特.jpg",添加模特图片,调整图片大小,放置在合适的位置,如图3.5.3所示。

图3.5.2　海报背景

图3.5.3　置入模特图片

（4）添加主标题"春品特惠"，设置适当的文字大小和颜色，如图3.5.4所示。

图3.5.4　添加主标题文字

（5）添加副标题"新品上架第1周"，放置在合适的位置，如图3.5.5所示。

图3.5.5　添加副标题文字

（6）添加描述性文字如"活动时间""买二送一""提前加入购物车"等文案，并设置合适的文字大小和颜色，如图3.5.6所示。

（7）为文字添加白色矩形背景，并对文案进行间距和大小的微调，即完成任务设计，如图3.5.1所示。

图3.5.6 添加描述性文字

知识窗

文字排版一般规则如下：

（1）主标题大、粗、醒目，副标题与主标题用同一字体，字号比主标题略小，较为规整。

（2）描述性文字较细、较小。

（3）文字排版要避免参差不齐（图3.5.7最右），大部分情况下左对齐或居中对齐是最为合适的选择，如图3.5.7所示。

图3.5.7 文本排版的常见方法

活动评价

小程团队的文案排版主要使用了左对齐和两端对齐方式，简明扼要、主次分明，设计的广告很有吸引力。

合作实训

请根据小程团队的方法和设计思路，制作一张服装产品的促销广告图，并对整个案例执行过程进行评价。

1.实训要求

（1）根据观悦网络科技有限公司提供的素材（打开"素材\项目3\任务5"文件夹），制作广告图，如图3.5.8所示。

（2）图片尺寸为1 920像素×700像素。

（3）文字排版可以采用左对齐、右对齐、居中对齐等布局。

（4）可根据情况适当调整配色方案。

图3.5.8   效果图

2.过程评测

对整个案例执行过程进行评价,特别是对实训成果进行评价。评价主体包括实训本人、实训小组、指导教师及第三方,邀请"校中企"的企业专业人员参与评价,见表3.5.1。

表3.5.1   文字排版设计评价表

评价项目	构图与色彩搭配	文字排版	整体效果	职业素养
评价标准	A. 优秀 B. 合格 C. 不合格	A. 优秀 B. 合格 C. 不合格	A. 优秀 B. 合格 C. 不合格	A. 大有提升 B. 略有提升 C. 没有提升
自己评价				
小组评价				
教师评价				
第三方评价				
总评		修改建议		
说明: ①表格内按优秀、合格、不合格进行评价; ②请企业专业人士、客户等担当第三方参与评价; ③评为不合格的由指导老师注明原因及修改建议。				

任务6   破型文字案例

情境设计

小程团队接到新的海报设计任务,要求不能使用常规字库中的字体,需要对卖点文案字体进行特效处理,以吸引注意力,突出卖点。

任务分解

小程团队利用网址查找相关破型文字类型，对破型文字的设计方法和方式进行了分析，发现有3种常见破型文字的制作方法，分别是文字中间破型、文字叠加图案、笔画象形化。怎样才能够设计完美的破型文字呢？小程团队开始了激烈的讨论……

活动 制作破型字体

活动背景

小程团队打算设计破型文字，通过交流，小程他们拓展了思路，心里的疑惑也渐渐有了答案，并精心整理好了相关的文字素材，现在对客户提出的关键字进行设计。

破型文字

活动实施

破型字最终的设计效果如图3.6.1所示。

图3.6.1　破型文字参考效果图

1. 破型手段1-栅格化文字

（1）启动Photoshop CS6软件，文件命名为"破型文字"，画布大小设为800像素×800像素。

（2）添加文字图层"新品"，如图3.6.2所示。

（3）右键单击"新品"图层，在弹出的快捷菜单中选择"栅格化文字"，如图3.6.3所示。

图3.6.2　添加"新品"文字　　　　　图3.6.3　栅格化文字图层

（4）使用套索工具，选择文字的一部分，然后按下"Delete"键删除选区，如图3.6.4所示。

（5）按快捷键"Ctrl+D"取消选区，得到破型效果图，如图3.6.5所示。

图3.6.4　建立选区　　　　　　　　　　图3.6.5　栅格化文字破型效果

2. 破型手段2-图层蒙版结合画笔

（1）添加文字图层"限时"，如图3.6.6所示。

（2）给"限时"图层添加蒙版，如图3.6.7所示。

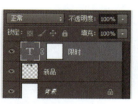

图3.6.6　添加"限时"文字　　　　　　　图3.6.7　添加图层蒙版

（3）选择画笔工具，选择合适的笔刷,将画笔颜色调为黑色,在图层蒙版上绘制即可实现破型效果，如图3.6.8所示。

图3.6.8　图层蒙版结合画笔破型效果

3. 破型手段3-文字转换为形状

（1）添加文字图层"疯狂"，如图3.6.9所示。

（2）右键单击"疯狂"图层，在弹出的快捷菜单中选择"转化为形状"，如图3.6.10所示。

图3.6.9　添加文字"疯狂"　　　　　　图3.6.10　文字转化为形状

（3）使用矩形工具减去文字的部分笔画，如图3.6.11所示。

图3.6.11　减去文字部分笔画

（4）使用钢笔工具绘制闪电形状，并添加渐变效果，如图3.6.12所示。

图3.6.12　文字转化为形状破型效果

活动评价

小程团队的特效文字创意运用了栅格化文字、图层蒙版、文字转形状等方法，分别实现破碎文字、特效纹理、形象笔画转换等文字效果，能够更好地突出关键字的艺术效果。

合作实训

请根据小程团队的设计方法和思路，制作一张彩电产品广告图，并进行评价。

1.实训要求

（1）根据观悦网络科技有限公司提供的文案和素材图片（打开"素材\项目3\任务6"的显示器.jpg的素材），设计具有破型文字效果的广告图，如图3.6.13所示。

（2）图片尺寸设为950像素×400像素。

2.过程评测

对整个案例执行过程进行评价，特别是对实训成果进行评价。评价主体包括实训本人、实训小组、指导教师及第三方，邀请"校中企"的企业专业人员参与评价，见表3.6.1。

图3.6.13　彩电产品破型文字效果图

表3.6.1　破型设计评价表

评价项目	构图与色彩搭配	破型文字效果	整体效果	职业素养
评价标准	A. 优秀 B. 合格 C. 不合格	A. 优秀 B. 合格 C. 不合格	A. 优秀 B. 合格 C. 不合格	A. 大有提升 B. 略有提升 C. 没有提升
自己评价				
小组评价				
教师评价				
第三方评价				
总评		修改建议		

说明：
①表格内按优秀、合格、不合格进行评价；
②请企业专业人士、客户等担当第三方参与评价；
③评为不合格的由指导老师注明原因及修改建议。

任务7　层次感设计案例

情境设计

目前,长投影效果是设计圈的流行趋势,很多客户在广告中都采用层次感较强的字体效果以突出主题。刚好春节临近,小程和小袁将设计一款喜庆文字,要采用长投影效果的设计排版方式,所以小程决定先用最常见的四字祝福语"吉祥如意"来练练手。

任务分解

采用长投影方式设计的字体,立体感、层次感强,有利于吸引注意力。他们发现,这样设计的喜庆文字更加应景,更容易被关注。因此,小程和小袁讨论确定了完成任务的步骤。

活动　制作长投影字体效果

活动背景

因春节将近,市面上的喜庆字特别多,常规设计非常泛滥,使得喜庆字广告不够突出,所以小程和小袁经过了精心的准备,决定采用渐变叠加填充的方式来完成他们的作品。

活动实施

制作长投影字体效果如图3.7.1所示。

图3.7.1　长投影效果图

（1）启动Photoshop CS6软件,文件命名为"层次感设计",画布大小设为800像素×320像素。

（2）新建文字图层"吉祥如意",适当调整文字的大小、颜色,并调整画布颜色,如图3.7.2所示。

图3.7.2　添加文字图层

（3）复制文字图层,并右键单击复制的图层,在弹出的快捷菜单中选择"栅格化文字",如图3.7.3所示。

图3.7.3　栅格化复制的文字图层

（4）将栅格化的图层移动到文字图层下方，并向右下方向轻微移动图层位置，如图3.7.4所示。

图3.7.4　移动栅格化的文字图层

（5）复制该图层，并继续朝右下方向轻微移动图层，如图3.7.5所示。

图3.7.5　朝右下移动复制的图层

（6）将两个图层合并为一个图层，如图3.7.6所示。

图3.7.6　合并两个图层

（7）重复步骤（5）、（6）多次，实现如图3.7.7所示的效果。

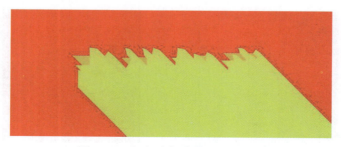

图3.7.7　多次重复步骤（5）、（6）

（8）设置合并图层"填充"为"0%"，并添加"渐变叠加"图层样式，设置混合模式为"正片叠底"，渐变颜色为黑色到透明的径向渐变，不透明度为"25%"，角度为"-83°"，实现最终层次感效果，如图3.7.8所示。长投影字体最终效果如图3.7.1所示。

图3.7.8　长投影效果图

活动评价

通过多次的图层复制和图层微移，加上图层样式的运用，小程成功制作了一个质感丰富带有立体效果的长投影文字效果。另外，可以通过录制的操作过程，制作新动作，以便后面可以高效、快速地制作长投影效果。

合作实训

小程和小袁合力完成了一个漂亮的长投影喜庆文字，请你根据小程团队的制作技巧，制作一个长投影效果标识。

1.实训要求

（1）新建文件，图片尺寸400像素×400像素，参考图3.7.9进行自主设计。

（2）必须具备长投影效果。

2.过程评测

对整个案例执行过程进行评价，特别是对实训成果进行评价。评价主体包括实训本人、实训小组、指导教师及第三方，邀请"校中企"的企业专业人员参与评价，见表3.7.1。

图3.7.9　长投影效果图标识

表3.7.1   层次感设计评价表

评价项目	构图与色彩搭配	长投影效果	整体效果	职业素养
评价标准	A. 优秀 B. 合格 C. 不合格	A. 优秀 B. 合格 C. 不合格	A. 优秀 B. 合格 C. 不合格	A. 大有提升 B. 略有提升 C. 没有提升
自己评价				
小组评价				
教师评价				
第三方评价				
总评		修改建议		

说明:
①表格内按优秀、合格、不合格进行评价;
②请企业专业人士、客户等担当第三方参与评价;
③评为不合格的由指导老师注明原因及修改建议。

任务8   背景设计案例

情境设计

为了提升海报的视觉效果,小程团队打算为产品海报制作个性化的海报背景,着重对马赛克效果背景以及渐变格子背景进行设计。

任务分解

小程团队经过讨论决定对背景采用马赛克叠加及渐变格子的方式进行设计。马赛克方式不但可以模糊图像,还可以制作渐变格子海报背景。

活动   制作马赛克及渐变格子背景

背景设计

活动背景

海报背景非常重要,在海报设计中起到承上启下、突出主题的作用,所以小程团队准备采用马赛克及渐变格子的方法来完成设计。

活动实施

最终马赛克背景及渐变格子背景效果如图3.8.1所示。

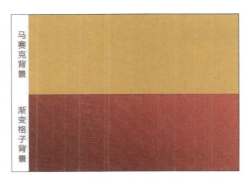

图3.8.1 马赛克背景及渐变格子背景

1.马赛克背景设计

（1）启动Photoshop CS6软件，文件命名为"马赛克背景"，画布大小设为950像素×450像素。

（2）新建图层，并填充颜色为"#ffc000"，如图3.8.2所示。

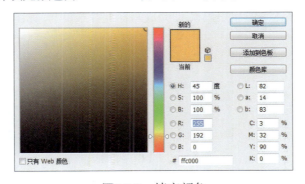

图3.8.2 填充颜色

（3）选择"滤镜"→"杂色"→"添加杂色"，如图3.8.3所示。

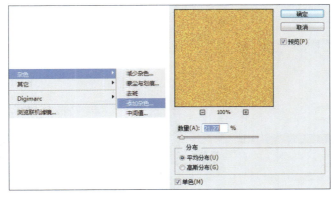

图3.8.3 添加"杂色"滤镜

（4）选择"滤镜"→"马赛克"，如图3.8.4所示。

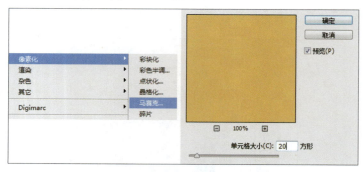

图3.8.4　添加"马赛克"滤镜

（5）选择"滤镜"→"锐化"→"进一步锐化"，如图3.8.5所示。

图3.8.5　添加"进一步锐化"滤镜

（6）按快捷键"Ctrl+F"再一次锐化，即完成马赛克背景设计，如图3.8.6所示。

图3.8.6　马赛克背景

2.渐变格子背景设计

（1）新建文档，命名为"渐变格子背景"，尺寸设为"3 000像素×1 200像素"。

（2）新建图层，并添加渐变效果，如图3.8.7所示。

图3.8.7　添加渐变效果

（3）选择"滤镜"→"马赛克"，并进行"锐化"处理，为了使效果更明显，可进行多次"锐化"操作，如图3.8.8所示。

图3.8.8　添加滤镜效果

（4）使用变形工具旋转45°，并复制该图层进行水平翻转，降低复制层的不透明度，使图形出现菱形形状，如图3.8.9所示。

图3.8.9　实现菱形形状

（5）截取大小合适的中间部分作为海报的特色背景，如图3.8.10所示。

图3.8.10　渐变格子背景

活动评价

小程和他的团队完成了海报背景的设计，采用了马赛克及渐变格子设计的背景海报效果非常好，既能够突出海报的产品主题，又能够吸引观众的眼球，为实现好的销量打下基础。

合作实训

根据某网络科技有限公司提供的素材，使用"马赛克背景"的方法设计背景，制作电饭煲广告图，参考效果如图3.8.11所示。

图3.8.11　电饭煲广告图

1.实训要求

（1）打开"素材\项目3\任务8\电饭煲.jpg"，设计完成尺寸为950像素×400像素的广告图。

（2）要求用马赛克背景衬托画面。

2.过程评测

对整个案例执行过程进行评价，特别是对实训成果进行评价。评价主体包括实训本人、实训小组、指导教师及第三方，邀请"校中企"的企业专业人员参与评价，见表3.8.1。

表3.8.1　电饭煲海报设计评价表

评价项目	构图与色彩搭配	背景效果	整体效果	职业素养
评价标准	A.优秀 B.合格 C.不合格	A.优秀 B.合格 C.不合格	A.优秀 B.合格 C.不合格	A.大有提升 B.略有提升 C.没有提升
自己评价				
小组评价				
教师评价				
第三方评价				
总评		修改建议		
说明： ①表格内按优秀、合格、不合格进行评价； ②请企业专业人士、客户等担当第三方参与评价； ③评为不合格的由指导老师注明原因及修改建议。				

项目总结

本项目了解网络广告中"对比""点""线""面"等常用的设计手法，同时结合相关案例激发学生发挥低碳、绿色的灵感，使广告更具创意。通过项目实际案例的学习，培养学习小组学会使用不同的设计手法完成网络广告的设计，在视觉上形成对比、强弱、疏密，在色彩上形成调和、呼应，使整个广告设计版面形成一个信息整体，提高传播效率。网络广告设计手法是网络广告设计的核心技能之一，平面设计只有在不断的学习和实践中才能提高，广泛涉猎学习优秀的平面设计作品，是找寻设计灵感和表现方式的源泉，注重实操案例实践，是提高设计能力的途径。

项目4　静态网络广告制作

项目概述

　　小程和小袁是某职校电子商务专业的学生，在校内的某网络科技工作室顶岗实践，承担网络广告的设计工作。他们当前的工作任务是制作淘宝店铺首页广告的商务男装广告、新款牛仔裤广告、手机广告、PC广告、女装新品推广广告、时尚男装品牌推广海报、时尚夹克的促销广告、运动品牌促销广告，共8个广告。首页的广告特点是宽屏的布局，广告图片横跨整个网页版头，但其高度有所限制，因而广告的内容一般按左右方向分布，模特的图片采用局部突出的方式排版，按照素材图片和广告语的自身特点，这8个广告将分别采用不同的设计手法来完成。怎样设计才能突出不同产品的卖点，引起客户的点击和购买欲望呢？接下来，我们将拭目以待。

项目目标

　　学习完本项目后，将达到以下目标：

知识目标

▷ 了解常见的淘宝店铺首页广告图片大小的要求；

▷ 了解常见的网络广告设计对构图的要求；

▷ 了解常见的网络广告设计对色彩搭配的要求；

▷ 了解常见的网络广告设计对文字排版的要求。

能力目标

▷ 学会设计和制作常见的淘宝店铺首页新品推广广告、品牌推广海报、促销广告。

素质目标

▷ 培养团队自主探究的学习意识；

▷ 培养学生自主学习和设计的能力；

▷ 培养学生对广告图的审美能力；

▷ 培养学生注重设计的原创和版权。

项目思维导图

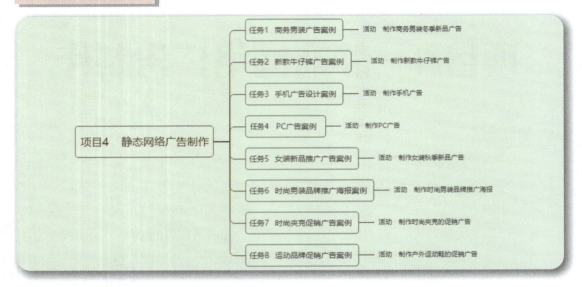

任务1   商务男装广告案例

情境设计

为了尽快设计好淘宝店铺冬装新品首页的轮播广告, 小明先去了解了淘宝店铺关于新品上市广告的设计要求。淘宝店铺轮播广告主要用于推广公司的新产品或专题促销的产品。淘宝店铺首页广告可以提高店铺的点击率, 目的是实现产品的热卖。

任务分解

为使本次新品推广效果更好, 小明参考了其他网店的首页广告, 根据公司名和主营商品、目标客户的情况, 经过讨论后, 确定了设计商务男装新品广告的任务。

活动   制作商务男装冬季新品广告

活动背景

本广告为该公司十月份的专题促销, 小明通过学习了解了提高首页广告点击率的视觉优化策略, 同时对色彩搭配和文字排版的设计进行了思考, 在本广告中将以文字作为画面的重点, 注重关键字的提炼, 向买家展示促销信息。以男装实物效果图展示风格款式, 配以白字红底的优惠价格, 引起消费者的购买欲。色彩搭配, 既要有主次之分, 又要注意色彩协调; 文字排版运用色彩对比、大小对比的手法, 文案简明, 主次分明; 注重画面的层次感, 利用文字和色彩的对比展示出来。

活动实施

商务男装冬季新品广告效果如图4.1.1所示。

图4.1.1 参考效果图

（1）启动Photoshop CS6软件，文件命名为"商务男装广告"，画布大小设为1 440像素×550像素。

（2）新建"图层1"，打开"素材\项目4\任务1"，拖入素材A，使用蒙版把下边缘擦除，使图片变得虚化，如图4.1.2所示。

图4.1.2 图片虚化效果

（3）新建"图层2"，打开"素材\项目4\任务1"，拖入素材B、C，和上一步骤一样使用蒙版擦除边缘，把3张图片进行拼接，如图4.1.3所示。

图4.1.3 图片拼接效果

（4）新建"图层3"，打开"素材\项目4\任务1"，填充为黑色，添加蒙版，径向渐变填充，如图4.1.4所示。

图4.1.4 渐变填充效果

（5）新建"图层4"，打开"素材\项目4\任务1"，拖入人物图像，使用钢笔工具把人物从图像中抠出来，放好位置，如图4.1.5所示。

图4.1.5　人像摆放效果

（6）新建"图层5"，使用矩形选框工具在人物的右边画一个长方形，填充为黑色，设置不透明度为"50%"。

（7）新建"图层6"，绘制一个小长方形放置长方形的左下角位置，填充为黑色，设置不透明度为"100%"，如图4.1.6所示。

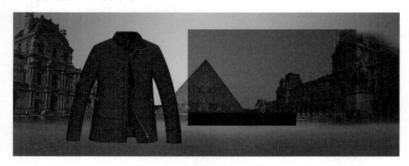

图4.1.6　边框绘制效果

（8）新建"图层7"，使用"多边形"工具设置边数为"3"，绘制一个三角形，填充为白色。再使用矩形选框工具绘制一个长方形，填充为白色，然后让三角形和长方形进行拼接，变为五边形，如图4.1.7所示。

（9）新建"图层8"，打开"素材\项目4\任务1"，拖入素材"褶皱.jpg"，图层混合模式为"点光"，按组合键"Ctrl+Alt+G"创建剪切蒙版，如图4.1.8所示。整体效果如图4.1.9所示。

图4.1.7　五边形效果

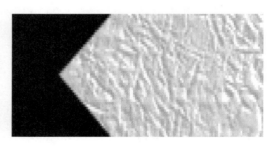

图4.1.8　褶皱效果

图4.1.9 整体效果

（10）新建文字图层，输入"AUTUMN""OUTFIT""PROMOTION"，字体设为"FZXBSJW GB10"，字号设为"81"，颜色设为白色，如图4.1.10所示。

图4.1.10 文字效果

（11）新建文字图层，输入"十月金秋血拼记"，字体设为"FZZYJW GB10"，字号设为"85"，颜色设为橙色（#ff8403）。

（12）新建文字图层，输入"冬季新品 抢鲜"，字号设为"方正大黑简体"，字号设为"43"，颜色设为白色。

（13）新建文字图层，输入"包邮"，字号设为"方正大黑简体"，字号设为"43"，颜色设为红色（#c30404）。

（14）新建"图层9"，使用椭圆选框工具，绘制一个圆形，填充为黑色，如图4.1.11所示。

图4.1.11 添加文字后效果图

（15）新建"图层10"，使用椭圆选框工具绘制一个圆形，填充为红色（#c30404）。添加"图层样式"→"投影"，如图4.1.12所示。

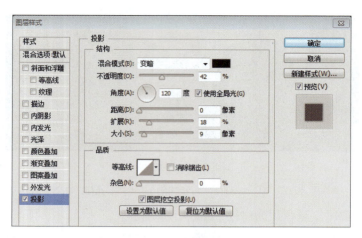

图4.1.12　投影参数设置

（16）新建文字图层，输入"198"，字体设为"Impact"，字号设为"87"。

（17）新建文字图层，输入"市场价：338"，字体设为"微软雅黑"，字号设为"22"，如图4.1.13所示。

图4.1.13　字体设置

（18）新建"图层11"，使用矩形选框工具绘制长方形，填充为深蓝色（#05111f）。

（19）新建文字图层，输入"温鲨品质男装"，字体设为"微软雅黑"，字号设为"14"，颜色设为黄色（#fae5ba）。

（20）新建文字图层，输入"VBERSAZ""SHARK"，字体设为"FZSHFW"，字号设为"27"，颜色设为黄色（#fae5ba）。添加"混合样式"→"斜面和浮雕"。样式：内斜边，深度：71，大小：6。

（21）新建文字图层，输入"VS"，字体设为"FZXBSJW"，字号设为"48"，颜色设为黄色（#fae5ba）。添加混合样式为"斜面和浮雕"。样式：内斜边，深度：71，大小：6，如图4.1.14所示。

（22）完成后效果如图4.1.1所示。

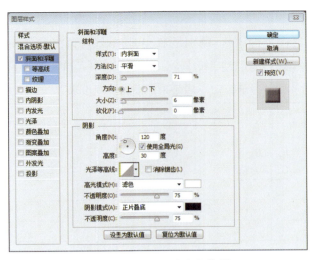

图4.1.14　斜面和浮雕参数设置

活动评价

小明顺利地完成了广告效果图的制作。在制作过程中,他也认识到提炼关键字的重要性;色彩搭配,既要有主次之分,又要注意色彩协调;同时,注重画面的层次感,利用文字和色彩的对比展示出来。

合作实训

小明完成了男装广告的设计。请根据他的方法,制作一个淘宝店铺新品的推广广告,并对整个案例执行过程进行评价。

1.实训要求

根据"素材\项目4\任务1\测评素材"提供的素材,设计促销广告图,参考效果如图4.1.15所示。

(1)新建1 920像素×800像素的画布。

(2)文字要求采用大小对比的设计手法。

图4.1.15　参考效果图

2.过程评测

对整个案例执行过程进行评价,特别是对实训成果进行评价。评价主体包括实训本人、实训小组、指导教师及第三方,邀请"校中企"的企业专业人员参与评价,见表4.1.1。

表4.1.1   店铺推广图设计评价表

评价项目	构图与色彩搭配	关键字及设计	发布广告	职业素养
评价标准	A. 优秀 B. 合格 C. 不合格	A. 优秀 B. 合格 C. 不合格	A. 优秀 B. 合格 C. 不合格	A. 大有提升 B. 略有提升 C. 没有提升
自己评价				
小组评价				
教师评价				
第三方评价				
总评		修改建议		

说明:
①表格内按优秀、合格、不合格进行评价;
②请企业专业人士、客户等担当第三方参与评价;
③评为不合格的由指导老师注明原因及修改建议。

任务2   新款牛仔裤广告案例

情境设计

为了尽快设计好首页轮播广告,小张团队决定先了解淘宝店铺关于品牌推广海报的设计要求。首页轮播广告主要用于推广公司的主打产品,广告设计的好坏将会直接影响店铺的销量。

任务分解

为使本次轮播广告推广效果更好,小张团队决定参考其他网店的设计,根据公司名和主营商品、目标客户的情况,经过讨论,确定了设计新款牛仔裤广告的任务。

活动   制作新款牛仔裤广告

活动背景

小张团队所在的某网络科技有限公司的主营业务为网店装修、网店设计和模特拍摄等一站式高端定制业务。小张团队打算制作一幅夺人眼球的首页轮播广告来增加点击率、突出公司主题,经过讨论决定从视觉着手,让

新款牛仔裤
推广广告

画面更加生动美观，并突出产品的时尚感。设计时，明确淘宝店铺的风格，选择合适背景色和商品色、文字色彩的搭配，文字的排版和字体的选择都要符合整个广告图的风格。以裤子展示为重点，向买家展示新款裤子；字体颜色以牛仔裤的蓝色为主，画面要协调、美观；文字排版运用色彩对比、大小对比的手法，文案简明，主次分明。

活动实施

新款牛仔裤广告最终效果如图4.2.1所示。

图4.2.1　参考效果图

（1）启动Photoshop CS6软件，文件命名为"牛仔裤新款推广广告"，画布大小设为950像素×330像素。

（2）新建"图层1"，打开"素材\项目4\任务2"文件夹下的"背景墙.jpg"，拖入画布中,复制两层空白背景墙，创建蒙版，擦除交界处，合成一张图。重复前面的方法,制成背景。

（3）新建"图层2"，打开"素材\项目4\任务2"文件夹下的"裤子1.jpg"和"裤子2.jpg"，拖入画布中，创建"图层蒙版"，擦除两个图片素材的边缘，使图片进行融合，如图4.2.2所示。

图4.2.2　图片虚化效果

（4）创建文字图层，输入"春夏新品"，字体设为"方正兰亭特黑"，字号设为"57"，颜色设为蓝色（#073b6f）。用橡皮擦"粉笔23像素"擦出效果，如图4.2.3所示。

图4.2.3　春夏新品效果

（5）创建文字图层，输入"靛蓝薄款"，字体设为"方正大黑简体"，字号设为"57"，颜色设为蓝色（#073b6f）。用橡皮擦"粉笔23像素"擦出效果，如图4.2.4所示。

图4.2.4　渐变填充效果

（6）新建"图层3"，使用矩形选框工具绘制一个长方形，填充为蓝色（#073b6f）。创建文字图层，输入"NEW"，字体设为"Arial"字体，样式设为"Bold"，字号设为"53"。按"Ctrl"+左键点击"NEW"图层，得出选区，按"Delete"键删除。创建文字图层，输入"2018 NEW STYIE"，字体设为"Arial"，字号设为"14"。按"Ctrl"+左键点击"NEW"图层，得出选区，按"Delete"键删除选区。

（7）按快捷键"Ctrl+T"自由变换，旋转"–13"，用橡皮擦"粉笔23像素"擦出效果，如图4.2.5所示。

图4.2.5　人像摆放效果

（8）创建文字图层，输入"男士春夏薄款纯棉时尚牛仔裤"，字体设为"方正大黑简体"，字号设为"23"，颜色设为"#373737"，如图4.2.6所示。

图4.2.6　文字摆放效果

（9）创建文字图层，输入"CLASSIC AGAIN, ADVANCED NEW FASHION"，字体设为"Impact"，字号设为"19"，颜色设为"#373737"。

（10）创建文字图层，输入"Men's Thin Cotton Jeans（For Spring and Summer）"，字体设为"Arial"，字号设为"5"，颜色设为黑色，如图4.2.7所示。

图4.2.7　边框绘制效果

（11）新建"图层4"，使用椭圆选框工具绘制一个圆，填充设为白色，设置填充不透明度为"0%"，添加"图层样式"→"描边"，大小设置为"4"，颜色设为黑色，如图4.2.8、图4.2.9所示。

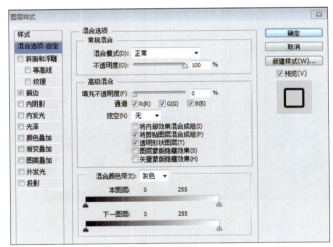

图4.2.8　填充不透明度为"0%"

图4.2.9　描边大小为"4"

（12）创建文字图层，输入"抢"，字体设为"方正兰亭特黑"，颜色设为黑色，如图4.2.1所示。

活动评价

小张团队顺利地完成了轮播图的制作。在制作过程中，他们认识到提炼关键字的重要性；学会了怎样利用文字和色彩的对比将产品的特性展示出来。通过这次制作，他们以后的设计将会更加熟练。

合作实训

小张团队合作完成了轮播广告的设计。请你根据小张团队的方法，制作完成一个轮播广告，并对整个案例执行过程进行评价。

1.实训要求

根据"素材\项目4\任务2\测评素材"提供的素材，设计促销广告图，参考效果如图4.2.10所示。

（1）图像大小设为950像素×330像素。

（2）文字排版采用剪贴性蒙版设置，形成色彩对比的效果。

图4.2.10　参考效果图

2.过程评测

对整个案例执行过程进行评价，特别是对实训成果进行评价。评价主体包括实训本人、实训小组、指导教师及第三方，邀请"校中企"的企业专业人员参与评价，见表4.2.1。

表4.2.1　新款牛仔裤广告设计评价表

评价项目	构图与色彩搭配	关键字及设计	画面层次感	职业素养
评价标准	A. 优秀 B. 合格 C. 不合格	A. 优秀 B. 合格 C. 不合格	A. 优秀 B. 合格 C. 不合格	A. 大有提升 B. 略有提升 C. 没有提升
自己评价				
小组评价				
教师评价				
第三方评价				
总评		修改建议		

续表

说明:
①表格内按优秀、合格、不合格进行评价;
②请企业专业人士、客户等担当第三方参与评价;
③评为不合格的由指导老师注明原因及修改建议。

任务3 手机广告设计案例

情境设计

小张团队最近要做一个首页的手机宣传广告,用来推广该手机的特色功能,从而提高销售量。对于这次广告宣传,团队都很重视,但是从哪里开始着手呢? 他们团队通过收集其他品牌类似广告进行对比、分析来确定本次广告设计的内容。

任务分解

小张团队通过了解首页广告的设计要求,并对比了其他品牌的广告的特点,决定从色彩搭配和文字排版着手进行思考,参考视觉优化设计及策略来进行。

活动 制作手机广告

活动背景

小张团队通过讨论确定了设计方案。本广告是首页轮播的广告,为该公司新款手机的广告。小张团队的设计思路是首先以文字作为画面的重点,对字体进行设计,向买家展示促销信息;其次通过手机图片的展示,让画面更丰富;最后是以文字排版运用色彩对比、大小对比的手法;文案简明,主次分明。

活动实施

手机广告最终效果如图4.3.1所示。

图4.3.1 参考效果图

（1）启动Photoshop CS6软件，文件命名为"案例3手机广告"，画布大小设为1 920像素×505 像素。

（2）新建"图层1"，填充颜色为"#5c718d"。

（3）新建"图层2"，填充颜色为"#9ce0fc"，使用画笔工具在图中间的右边涂小圆圈，填充为"39%"。

（4）新建"图层3"，填充颜色为"#9ce0fc"，使用画笔工具在图中间的左边用画笔涂小圆圈，填充为"53%"，如图4.3.2所示。

图4.3.2　填充效果图

（5）新建图层，选择矩形工具，框选一个长方形并羽化，填充为白色，建立"图层蒙版"，在蒙版里面拉黑白渐变，再用画笔工具做出自己想要的效果，如图4.3.3所示。

图4.3.3　羽化效果图

（6）打开"素材\项目4\任务3"文件夹下的"手机.png"，拖入画布中，新建图层，在"手机"下面做一个阴影，如图4.3.4所示。

图4.3.4　添加手机图

（7）输入文字"升级双倍电量"，调节合适的字体大小并对图层"栅格化"。

（8）新建图层，使用多边形套索工具在文字上创建选区并删除，完成修剪效果。新建图层，并用多边形套索工具做一些像三角形的图案与装饰。

（9）输入字母"S"，使用自由变换工具进行旋转并移动到文字"电"中，打开图层样式设置"颜色叠加"，颜色数值设为"#e3ff47"。

（10）输入文字"产品简介产品简介产品简介产品简介产品简介产品简介产品简介产品简介产品简介产品简介"放在主标题的下面，如图4.3.5所示。

图4.3.5 文字设计1

（11）选择圆角矩形工具，半径设为"13像素"，颜色设为"#ffb147"。

（12）输入文字"LEARN MORE>>"并设置合适的大小，如图4.3.6所示。

图4.3.6 文字设计2

（13）新建图层，使用多边形套索工具绘制一个三角形，然后复制4或5个放在不同的位置，大小进行变化，使用滤镜"高斯模糊"，颜色填充为"#79c3ff"，如图4.3.7所示。

图4.3.7 绘制三角形

（14）选择圆角矩形工具，半径设为"5像素"，颜色设为"#529bff"，打开"图层样式"，设置"投影"，颜色设置为"#348104"，如图4.3.8所示。

（15）新建图层，创建上一个图层的选区，并拉一个渐变填充，颜色设置为"#232e9f"到"#5b779d"。

（16）输入文案"产品名称"并使用"图层样式"设置投影，如图4.3.9所示。

（17）最终效果如图4.3.1所示。

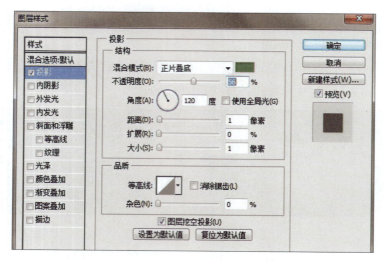

图4.3.8　投影设置1

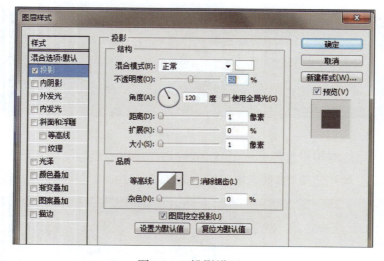

图4.3.9　投影设置2

活动评价

通过本活动的学习,小张团队学习了如何制作静态首页网络广告,了解了网络广告的元素组成、设计要求和构图设计,并可以举一反三,设计出适合自己店铺的首页广告。

合作实训

小张团队合作完成了首页广告的设计。请你根据小张团队的方法,制作完成一个淘宝首页促销广告,并对整个案例执行过程进行评价。

1.实训要求

根据"素材\项目4\案例3\测评素材"提供的素材,设计促销广告图,参考效果如图4.3.10所示。

图4.3.10   参考效果图

2.过程评测

对整个案例执行过程进行评价,特别是对实训成果进行评价。评价主体包括实训本人、实训小组、指导教师及第三方,邀请"校中企"的企业专业人员参与评价,见表4.3.1。

表4.3.1   手机广告设计评价表

评价项目	构图与色彩搭配	关键字及设计	图形绘制	职业素养
评价标准	A. 优秀 B. 合格 C. 不合格	A. 优秀 B. 合格 C. 不合格	A. 优秀 B. 合格 C. 不合格	A. 大有提升 B. 略有提升 C. 没有提升
自己评价				
小组评价				
教师评价				
第三方评价				
总评		修改建议		

说明:
①表格内按优秀、合格、不合格进行评价
②请企业专业人士、客户等担当第三方参与评价;
③评为不合格的由指导老师注明原医及修改建议。

任务4   PC广告案例

情境设计

为了尽快设计好淘宝店铺电脑的广告,小张团队先去了解淘宝店铺关于促销广告的设计要求。淘宝店铺促销广告主要用于推广公司的主营业务和促销活动,淘宝店铺促销广告可以提高店铺点击率,目的是实现更高的销售额。

任务分解

为使本次首页促销广告宣传效果更好，小张团队参考了其他网店的促销广告设计，根据公司名和主营商品、目标客户的情况，商量讨论后，确定设计PC的促销广告。

活动　制作PC广告

活动背景

小张团队通过讨论确定了设计方案。本作品是首页轮播的广告，首先以文字作为画面的重点，向买家展示促销信息；其次通过搭配产品图片，让买家对产品有大概的了解，吸引买家关注；最后文字排版运用色彩对比、大小对比的手法，文案简明，主次分明。

活动实施

PC广告最终效果如图4.4.1所示。

图4.4.1　参考效果图

（1）启动Photoshop CS6软件，新建画布，画布大小设为"950像素×460像素"。

（2）新建"图层1"，单击"滤镜"→"渲染"→"云彩"，"滤镜"→"杂色"→"添加杂色"，按默认值设置。

（3）复制两层，将图层1副本2拖至图层 1 副本 1 下面，按快捷键"Ctrl+M"将曲线亮度调高，按快捷键"Ctrl+T"缩小图层，单击"滤镜"→"模糊"→"径向模糊"，将角度设置为"0"，如图4.4.2所示。

图4.4.2　径向模糊效果图

（4）将图层1副本1添加"图层蒙版"，擦除右下角，如图4.4.3所示。

图4.4.3　添加图层蒙版进行擦除的效果图

（5）新建"图层2"，使用椭圆选框工具绘制一个椭圆，填充为白色。选择"滤镜"→"模糊"→"高斯模糊"，设置不透明度为"70%"。

（6）将图层2复制两层，得出图层2副本1、图层2副本2，如图4.4.4所示。

图4.4.4　高斯模糊的效果图

（7）新建文字图层，输入"超强配置 缔造纯美震撼音质"，选择"图层样式"→"渐变叠加"，如图4.4.5所示。

图4.4.5　图层样式设置参数

（8）新建文字图层，输入"联想"，远择"图层样式"，按照图4.4.6、图4.4.7设置渐变叠加、投影参数。

（9）新建文字图层，输入"ideacentre"，复制一层，为字母拷贝图层。把"d"颜色设置为"#0078b7"，"e"颜色设置为"#a89b09"，"a"颜色设置为"#c98110"，添加"图层样式"→"投影"。

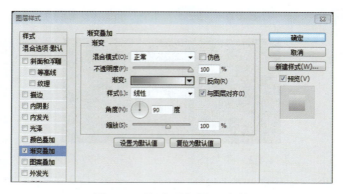

图4.4.6　渐变叠加设置参数

图4.4.7　投影设置参数

（10）将字母复制图层添加"图层样式"→"渐变叠加"。

（11）新建"图层3"，使用椭圆选框工具绘制一个圆形，填充为"#e7ac0b"，如图4.4.8所示。

图4.4.8　文字效果

（12）新建文字图层，输入"-英特尔酷睿i7-2530M处理器""-1GB独显，21英寸LED屏幕"，字体设为"微软雅黑"，字号设为"19"，颜色设为白色。

（13）新建文字图层，输入带删除线的文字"原价：¥5999"，字体设为"方正准圆简体"。

（14）新建文字图层，输入"4999"，字体设为"AvantGardeITCbyBT-Book"，选择"图层样式"→"渐变叠加"，如图4.4.9—图4.4.11所示。

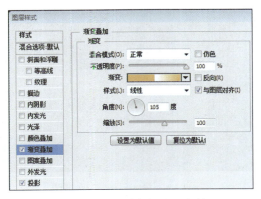

图4.4.9 图层样式设置参数1

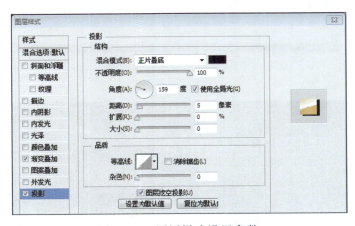

图4.4.10 图层样式设置参数2

图4.4.11 文字效果图

（15）新建"图层4"，打开"素材\项目4\任务4"文件夹下的"PC.png"图片，拖入画布中，使用钢笔工具给计算机底部填上阴影，如图4.4.12所示。

（16）新建"图层5"，使用矩形选框工具绘制一个长方形，填充渐变，删除中间部分，添加投影效果，绘制的边框如图4.4.13所示。边框在整个画面的效果如图4.4.14所示。

（17）新建"图层6"，使用椭圆选框工具绘制一个椭圆形，添加"滤镜"→"模糊"→"高斯模糊"，按快捷键"Ctrl+T"自由变换。给图层5添加光感，如图4.4.15所示。

图4.4.12　导入计算机效果图

图4.4.13　绘制边框效果图

图4.4.14　边框完成总体效果图

图4.4.15　高斯模糊效果图

（18）新建"图层7"，使用椭圆选框工具绘制一个椭圆形，添加"滤镜"→"模糊"→"高斯模糊"，复制两次，给文字图层添加光感，如图4.4.16所示。

图4.4.16　高斯模糊效果图

（19）最终效果如图4.4.1所示。

活动评价

小张团队分别使用了文字排版和色彩搭配、滤镜的使用方法，顺利地完成了广告效果图的制作。在制作过程中，他们也认识到简明扼要、主次分明的文字排版和协调的颜色对比、色彩搭配，会达到更好的宣传效果。

合作实训

根据小张团队的方法，制作完成一个淘宝首页促销广告，并对整个案例执行过程进行评价。

1.实训要求

根据"素材\项目4\任务4\测评素材"提供的素材，设计促销广告图，参考效果如图4.4.17所示。要求使用文字排版和色彩搭配的方法，使广告图达到主次分明、颜色协调的效果。

图4.4.17　参考效果图

2.过程评测

对整个案例执行过程进行评价，特别是对实训成果进行评价。评价主体包括实训本人、实训小组、指导教师及第三方，邀请"校中企"的企业专业人员参与评价，见表4.4.1。

表4.4.1　商务男装广告设计评价表

评价项目	构图与色彩搭配	关键字及设计	画面的层次感	职业素养
评价标准	A. 优秀 B. 合格 C. 不合格	A. 优秀 B. 合格 C. 不合格	A. 优秀 B. 合格 C. 不合格	A. 大有提升 B. 略有提升 C. 没有提升
自己评价				
小组评价				
教师评价				
第三方评价				
总评		修改建议		
说明： ①表格内按优秀、合格、不合格进行评价； ②请企业专业人员、客户等担当第三方参与评价； ③评为不合格的由指导老师注明原因及修改建议。				

任务5　女装新品推广广告案例

情境设计

为了尽快设计好淘宝店铺首页广告,小张先去了解淘宝店铺关于新品上市广告的设计要求。淘宝店铺首页广告主要用于推广公司的主营业务,如零售女式背包、手包、挎包等业务。淘宝店铺首页广告可以提高店铺的点击率,实现更高的销售额。

任务分解

为使本次新品推广效果更好,小张团队参考了其他网店的首页广告。根据公司名和主营商品、目标客户的情况,经过讨论,确定了设计淘宝店铺2021秋季新品广告的任务。

活动　制作女装秋季新品广告

活动背景

小张团队所在的某网络科技有限公司的主营业务为网店装修、网店设计和模特拍摄等一站式高端定制业务。小张团队打算制作一幅视觉冲击力强的首页广告来增加点击率、突出公司主题。经过讨论小张团队决定从视觉着手,以渐变色作为背景,加上文字和素材图片,使画面的色彩更加协调。文字排版运用色彩对比、大小对比的手法,文案简要,主次分明。

活动实施

女装秋季新品广告最终效果如图4.5.1所示。

图4.5.1　参考效果图

(1)启动Photoshop CS6软件,文件命名为"促销广告",画布大小设为950像素×350像素。

(2)新建"图层1",重命名为"背景",选择"渐变"工具线性渐变填充,颜色设为白色(#ffffff)和橙色(#ff6d00),按下鼠标左键从左往右拖动,如图4.5.2所示。

(3)打开"素材\项目4\任务5"文件夹下的"模特.png"图片,拖入画布中,对图层重命名为"模特",选择"编辑"→"变换"命令,并点击"缩放"对该图层进行大小调整,调整大小和位置如图4.5.3所示。

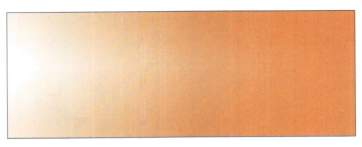

图4.5.2 背景

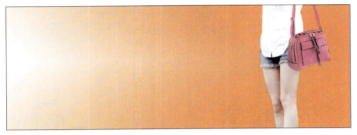

图4.5.3 模特

（4）打开"素材\项目4\任务5"文件夹下的"玫红包.png"和"粉色包.png"图片，拖入画布中，对图层重命名为"玫红包"和"粉色包"，选择"编辑"→"变换"命令，并点击"缩放"对该图层进行大小调整，调整其大小和位置，如图4.5.4所示。

图4.5.4 包包

（5）分别复制"玫红包"和"粉色包"图层，重命名为"玫红包倒影"和"粉色包倒影"。选择"编辑"→"变换"命令，点击"垂直翻转"，移到对应颜色包包的正下方。执行"编辑"→"变换"→"变形"，调整倒影的透视关系。接着添加图层蒙版，设置前景色为黑色、背景色为白色，选择渐变工具，线性渐变设置前景色到透明渐变，鼠标移到指定位置，从上往下拖动鼠标，完成渐变效果，如图4.5.5所示。

（6）输入左边的文字分别为：文字"今秋"，字体设为"黑体"，字号设为"60"点，颜色设为"#7dac19"。输入文字"新品团"，字体设为"黑体"，字号设为"36"点，颜色设为"#df5d16"。输入文字"We bring you more...."，字体设为"黑体"，字号设为"14"点，颜色设为"#302f2f"。输入文字"Autumn"，字体设为"Edwardian Scriptitc"，字号设为"72"点，颜色设为"#c7c3c3"。输入文字"惊艳新品强势来袭"，字体设为"黑体"，字号设为"18"点，颜色设为"# 413e3e"。最后选中相应的文字图层，使用移动工具进行排版，如图4.5.6所示。

图4.5.5　包包倒影

图4.5.6　文字

（7）制作按钮。首先选择矩形选框工具绘制一个小长方形，油漆桶工具填充纯色（# f24291），颜色参考包包的颜色。调整图形样式，投影、斜面和浮雕，可以参考以下数据，如图4.5.7、图4.5.8所示。在按钮上输入文字"立即抢购"，字体设为"黑体"，字号设为"18"点，颜色设为"# ffffff"，如图4.5.9所示。

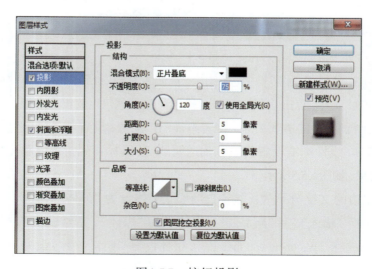

图4.5.7　按钮投影

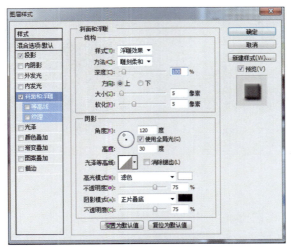

图4.5.3 按钮斜面和浮雕

图4.5.9 按钮文字

（8）使用钢笔工具绘制标签，填充颜色为"#f02c85"。输入文字"亮色"，字体设为"黑体"，字号设为"18"点，颜色设为纯白色。最后进行微调排版，完成最终效果图，如图4.5.1所示。

活动评价

小张团队分别使用图层模式及透明度，顺利地完成了广告效果图的制作。在制作过程中，他们也认识到简明扼要、主次分明的文字排版和协调的色彩搭配，设计的广告视觉冲击力会更加强。

合作实训

小张团队合作完成了淘宝店铺首页广告的设计。请你根据小张团队的方法，制作完成一个淘宝店铺新品推广的广告，并对整个案例执行过程进行评价。

1.实训要求

（1）根据某网络科技有限公司提供的素材，打开"素材\项目4\任务5\测评素材"，设计首页广告图，参考效果如图4.5.10所示。

（2）图片尺寸为950像素×350像素，文字排版方式要求美观，突出主营业务。

图4.5.10　参考效果图

2.过程评测

对整个案例执行过程进行评价,特别是对实训成果进行评价。评价主体包括实训本人、实训小组、指导教师及第三方,邀请"校中企"的企业专业人员参与评价,见表4.5.1。

表4.5.1　店铺促销广告图设计评价表

评价项目	合理使用素材进行设计	构图和色彩搭配	整体效果	职业素养
评价标准	A. 优秀 B. 合格 C. 不合格	A. 优秀 B. 合格 C. 不合格	A. 优秀 B. 合格 C. 不合格	A. 大有提升 B. 略有提升 C. 没有提升
自己评价				
小组评价				
教师评价				
第三方评价				
总评		修改建议		

说明:
① 表格内按优秀、合格、不合格进行评价;
② 请企业专业人士、客户等担当第三方参与评价;
③ 评为不合格的由指导老师注明原因及修改建议。

任务6　时尚男装品牌推广海报案例

情境设计

为了尽快设计好淘宝店铺品牌的推广海报,小张先去了解淘宝店铺关于品牌推广海报的设计要求。淘宝店铺品牌推广广告主要用于推广公司的品牌理念以及主营业务。淘宝店铺品牌推广广告可以提高店铺的点击率,目的是实现更高的销售额。

任务分解

为使本次品牌推广广告的推广效果更好,小张团队参考了其他网店的品牌推广海报,根据公司名和主营商品、目标客户的情况,经过讨论,确定了设计时尚男装品牌推广海报的任务。

活动 制作时尚男装品牌推广海报

时尚男装品牌
推广海报

活动背景

小张团队所在的某网络科技有限公司的主营业务为网店装修、网店设计和模特拍摄等一站式高端定制业务。小张团队打算制作一幅夺人眼球的首页品牌推广广告来增加点击率、突出公司主题,经过讨论决定从视觉着手,让画面更加生动美观,并突出产品的时尚感。设计时明确淘宝店铺的风格,选择合适的背景色和商品色、文字色彩的搭配,文字的排版和字体的选择要符合整个广告图的风格。运用九宫格构图的方法进行构图,对画面进行区分。合理运用标签的立体感,使画面更具设计感。整体采用灰、橙、白三色进行搭配,简洁大方。

活动实施

时尚男装品牌推广海报如图4.6.1所示。

图4.6.1 参考效果图

(1)启动Photoshop CS6软件,文件命名为“拒绝随波逐流”,画布大小设为950像素×350像素。

(2)打开“素材\项目4\任务6”文件夹下的“背景.jpg”图片,拖入画布中,对图层重命名为“背景1”,调整其大小和位置。选择“编辑”→“变换”命令,并单击“缩放”对该图层进行大小调整,如图4.6.2所示。

(3)新建“图层1”,重命名为“背景2”。填充颜色为“#a7acc5”,为图层添加矢量蒙版。选择渐变工具,前景色设为黑色,设置渐变编辑器:前景色到透明渐变。选择线性渐变,从画布左右两边往中间渐变,如图4.6.3所示。

图4.6.2　背景1

图4.6.3　背景2

（4）新建"图层2"，选择渐变工具，设置前景色为白色，设置渐变编辑器：前景色到透明渐变。选择径向渐变，在画布右侧拖动鼠标，制作出高光的效果，如图4.6.4所示。

图4.6.4　高光效果

（5）打开"素材\项目4\任务6"文件夹下的"模特.jpg"图片，拖入画布中，对图层重命名为"模特"，调整其大小和位置并复制该图层为"模特背影"，移动副本图层到"模特"图层下方，选择"编辑"→"变换"命令，调整图层大小。把"模特背影"载入选区，填充为黑色，如图4.6.5所示。

图4.6.5　模特

（6）选择钢笔工具勾画出立体标签的投影形状，填充颜色为"#32333b"。选择"滤镜"→"模糊"→"动感模糊"，角度设为"–30°"，距离设为"10"像素。为图层添加矢量蒙版，选择"渐变"工具，前景色为黑色，设置渐变编辑器：前景色到透明渐变。从左往右拖动鼠标，让立体标签左边形成渐变虚化的效果，如图4.6.6所示。

（7）选择钢笔工具勾画出立体标签的底面形状，填充颜色为"#393939"。正面的形状，填充颜色为"#4f4f4f"，如图4.6.7所示。

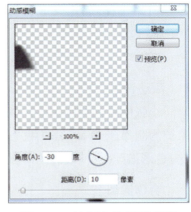

图4.6.6　绘制立体标签投影

（8）把立体标签正面载入选区（Ctrl+鼠标左键），选择画笔工具，前景色设为白色，画出立体标签的高光，调整图层的不透明度为"56%"，如图4.6.8所示。

图4.6.7　绘制立体标签

图4.6.8　绘制立体标签的高光

（9）选择画笔工具加深暗面和提亮区域，如图4.6.9所示。

（10）选择钢笔工具勾画出透明胶的外形，填充为白色，调整图层不透明度为"53%"，设置"图层样式"→"投影"，设置不透明度为"60%"，如图4.6.10所示。

图4.6.9　加深暗面和提亮区域

图4.6.10　绘制透明胶效果

（11）在画布的相应位置处输入文案，设置文字大小、颜色，并且进行排版，如图4.6.11所示。

图4.6.11　添加文案

（12）选择"自定义形状"工具中的"形状—封印"制作一个标签在画布右边，填充为深灰色（#393f48），输入文字为白色。整体进行调整文字大小、色彩搭配，最终效果如图4.6.1所示。

活动评价

小张团队分别使用了文字排版和色彩搭配、特色标签的制作方法，顺利地完成了广告效果图的制作。在制作过程中，他们也认识到简明扼要、主次分明的文字排版和协调的颜色对比、色彩搭配，会使设计的广告更有吸引力。

合作实训

小张团队合作完成了品牌推广海报的设计。请你根据小张团队的方法，制作一个淘宝店铺品牌推广海报，并对整个案例执行过程进行评价。

1.实训要求

（1）根据某网络科技有限公司提供的文案及素材"素材\项目4\任务6\素材"，设计品牌推广海报，参考效果如图4.6.12所示。

（2）图片尺寸为950像素×350像素，文字排版要求美观，突出主营业务。

图4.6.12　参考效果图

2.过程评测

对整个任务执行过程进行评价，特别是对实训成果进行评价。评价主体包括实训本人、实训小组、指导教师及第三方，邀请"校中企"的企业专业人员参与评价，见表4.6.1。

表4.6.1　店铺促销广告图设计评价表

评价项目	合理使用素材进行设计	构图和色彩搭配	整体效果	职业素养
评价标准	A.优秀 B.合格 C.不合格	A.优秀 B.合格 C.不合格	A.优秀 B.合格 C.不合格	A.大有提升 B.略有提升 C.没有提升
自己评价				
小组评价				
教师评价				
第三方评价				
总评		修改建议		
说明： ①表格内按优秀、合格、不合格进行评价； ②请企业专业人士、客户等担当第三方参与评价； ③评为不合格的由指导老师注明原因及修改建议				

任务7　时尚夹克促销广告案例

情境设计

为了尽快设计好淘宝店铺促销广告，小张先去了解淘宝店铺关于促销广告的设计要求。淘宝店铺促销广告主要用于推广公司的主营业务和近期的促销活动，用于公司的主营业务推广，如零售女式皮夹克、棒球服夹克、大衣等业务。淘宝店铺促销广告可以提高店铺点击率，目的是实现更高的销售额。

任务分解

为使本次首页促销广告的推广效果更好，小张团队参考了其他网店的促销广告。根据公司名和主营商品、目标客户的情况，经过讨论，确定了设计淘宝店铺女装时尚夹克促销广告的任务。

活动　制作时尚夹克的促销广告

时尚夹克促销
广告

活动背景

小张团队所在的某网络科技有限公司的主营业务为网店装修、网店设计和模特拍摄等一站式高端定制业务。小张团队打算制作一幅夺人眼球的首页促销广告来增加点击率、突出公司促销活动主题。经过讨论小张团队决定从视觉着手，亮色作为背景图，加于文字和图形，使画面的色彩更加协调。文字排版运用色彩对比、大小对比的手法，文案简明，主次分明。

活动实施

时尚夹克促销广告最终效果如图4.7.1所示。

图4.7.1　参考效果图

（1）启动Photoshop CS6软件，文件命名为"巅峰杰作时尚夹克"，画布大小设为950像素×350像素。

（2）新建"图层1"，打开"素材\项目4\任务7"文件夹下的"背景.jpg"图片，拖入画布中，对图层重命名为"背景1"。调整其大小和位置，选择"编辑"→"变换"命令，并单击"缩放"对该图层进行大小调整，选择"移动"工具，按鼠标左键把图层移到合适的位置，如图4.7.2所示。

图4.7.2　设置好背景图1

（3）新建"图层2"，填充颜色为"#e1dfdf"，调图层不透明度为"44%"，如图4.7.3所示。

图4.7.3　设置好背景图2

（4）打开"素材\项目4\任务7"文件夹下的"夹克.jpg"图片，拖入画布中，对图层重命名为"夹克"，调整其大小和位置。选择"编辑"→"变换"命令，并单击"缩放"对该图层进行大小调整。选择"移动"工具，按鼠标左键把图层移到合适的位置。为图层添加矢量蒙版，选择"画笔"工具，前景色设置为黑色，不透明度设置为"25%"，流量为"63%"，开始涂抹模特图层背景，如图4.7.4所示。

图4.7.4　设置好模特的大小和位置

（5）新建"图层4"，选择矩形选框工具，在画布的右侧画出适当大小的长方形，调整图层不透明度为"39%"，添加图层样式效果投影，如图4.7.5所示。

图4.7.5 在图中绘制长方形

（6）在画布的相应位置处输入文案，设置文字大小、颜色并排版，如图4.7.6所示。

图4.7.6 添加文案效果

（7）观看整体效果，键盘上的上、下、左、右键和鼠标一起使用，调整文字、模特的位置和大小并排版，完成最终效果的制作，如图4.7.1所示。

活动评价

小张团队分别使用了文字排版和色彩搭配的方法，顺利地完成了广告效果图的制作。在制作过程中，他们也认识到简明扼要、主次分明的文字排版和协调的颜色对比、色彩搭配，会使设计的广告更加有吸引力。

合作实训

小张团队合作完成了首页促销广告的设计。请你根据小张团队的方法，制作完成一个淘宝首页促销广告，并对整个案例执行过程进行评价。

1.实训要求

（1）根据某网络科技有限公司提供的文案和素材"素材\项目4\任务7\素材"，设计首页促销广告图，参考效果如图4.7.7所示。

（2）图片尺寸为950像素×350像素. 文字排版要求美观，突出主营业务。

图4.7.7　参考效果图

2.过程评测

对整个案例执行过程进行评价,特别是对实训成果进行评价。评价主体包括实训本人、实训小组、指导教师及第三方,邀请"校中企"的企业专业人员参与评价,见表4.7.1。

表4.7.1　店铺推广图设计评价表

评价项目	合理使用素材进行设计	构图和色彩搭配	整体效果	职业素养
评价标准	A. 优秀 B. 合格 C. 不合格	A. 优秀 B. 合格 C. 不合格	A. 优秀 B. 合格 C. 不合格	A. 大有提升 B. 略有提升 C. 没有提升
自己评价				
小组评价				
教师评价				
第三方评价				
总评		修改建议		
说明: ①表格内按优秀、合格、不合格进行评价; ②请企业专业人士、客户等担当第三方参与评价; ③评为不合格的由指导老师注明原因及修改建议。				

任务8　运动品牌促销广告案例

情境设计

为了尽快设计好淘宝店铺运动品牌——户外运动鞋的促销广告,小张先去了解淘宝店铺关于促销广告的设计要求。淘宝店铺促销广告主要用于推广公司的主营业务和促销活动,如零售男女运动服、跑步鞋、篮球鞋、登山鞋等业务。淘宝店铺促销广告可以提高店铺点击率,目的是实现更高的销售额。

任务分解

为使本次首页促销广告宣传效果更好，小张团队参考了其他网店的促销广告设计，根据公司名和主营商品、目标客户的情况，经过讨论，确定了设计淘宝店铺户外运动鞋的促销广告的任务。

活动　制作户外运动鞋的促销广告

活动背景

小张团队所在的某网络科技有限公司的主营业务为网店装修、网店设计和模特拍摄等一站式高端定制业务。小张团队打算制作一幅夺人眼球的首页促销广告来增加点击率、突出公司促销活动主题。经过讨论决定从视觉着手，采用与运动相关的素材进行设计，让画面更加生动，并突出产品的时尚感。在设计过程中，要注意色彩的统一性，合理运用点线面的关系，使画面更具设计感。整体采用红、蓝、白三色为主色调，黄、橙等颜色为辅助色进行搭配。

活动实施

户外运动鞋促销广告最终效果如图4.8.1所示。

图4.8.1　参考效果图

（1）启动Photoshop CS6软件，文件命名为"户外运动鞋"，画布大小为950像素×350像素。

（2）打开"素材\项目4\任务8"文件夹下的"背景1.jpg"图片，拖入画布中，对图层重命名为"背景1"。选择"编辑"→"变换"命令，并点击"旋转90度"对该图层进行90°的旋转。打开"素材\项目4\任务8"文件夹下的"背景2.jpg"图片，拖入画布中，选择"编辑"→"变换"命令，对图层重命名为"背景2"，并点击"缩放"对该图层进行大小调整。选择"移动"工具，把"背景1"和"背景2"放到适当位置，如图4.8.2所示。

（3）新建"图层2"，使用椭圆选框工具，在图层中绘制一个正圆形选区，调整好选区的大小和位置之后，采用橘红色（#f85c25）对选区进行填充。选择"选择"→"修改"命令，对选区进行收缩"10"像素，删除选中区域。另一个圆的绘制按同样的方法操作，如图4.8.3所示。

图4.8.2　合成背景

图4.8.3　绘制圆形形状

（4）新建"图层4"，选择多边形套索工具，设置不同大小的三角形和长方形，并且填充相应的颜色，如图4.8.4所示。

图4.8.4　绘制三角形和长方形

（5）打开"素材\项目4\任务8"文件夹下的"鞋子.jpg"图片，拖入画布中，对图层重命名为"鞋子"，选择"编辑"→"变换"命令，调整鞋子的大小和位置，如图4.8.5所示。

图4.8.5　鞋子

（6）给鞋子添加投影，选择钢笔工具绘制出鞋子的阴影部分，填充为黑色。给图层添加"矢量蒙版"，前景色设为黑色。选择渐变工具，前景色到透明渐变，从右往左拖动鼠标左键，设置图层不透明度为"80%"，如图4.8.6所示。

图4.8.6 绘制鞋子的投影

（7）复制图案组，删除多余的图案部分，将鞋子置于圆圈内，如图4.8.7所示。

图4.8.7 复制圆圈

（8）在画布的相应位置输入文案，设置文字的大小、颜色。选择"滤镜"→"渲染"命令，在"镜头光晕"下使用"电影镜头"的效果，起到点缀的作用，最终完成效果如图4.8.1所示。

活动评价

小张团队分别使用了文字排版和色彩搭配、滤镜的使用方法，顺利地完成了广告效果图的制作。在制作过程中，他们也认识到简明扼要、主次分明的文字排版和协调的颜色对比、色彩搭配，会达到更好的宣传效果。

合作实训

小张团队顺利完成了运动品牌促销广告的设计，根据某网络科技有限公司提供的文案和素材，打开"素材\项目4\任务8\素材"。

1.实训要求

（1）设计首页促销广告图，参考效果如图4.8.8所示。

（2）图片尺寸设为950像素×350像素，文字排版要求美观，突出主营业务。

图4.8.8 参考效果图

2.过程评测

对整个案例执行过程进行评价,特别是对实训成果进行评价。评价主体包括实训本人、实训小组、指导教师及第三方,邀请"校中企"的企业专业人员参与评价,见表4.8.1。

表4.8.1　店铺推广图设计评价表

评价项目	合理使用素材进行设计	构图和色彩搭配	整体效果	职业素养
评价标准	A. 优秀 B. 合格 C. 不合格	A. 优秀 B. 合格 C. 不合格	A. 优秀 B. 合格 C. 不合格	A. 大有提升 B. 略有提升 C. 没有提升
自己评价				
小组评价				
教师评价				
第三方评价				
总评		修改建议		

说明:
①表格内按优秀、合格、不合格进行评价;
②请企业专业人士、客户等担当第三方参与评价;
③评为不合格的由指导老师注明原因及修改建议。

项目总结

本项目精选了淘宝不同产品类别的促销广告的制作方法,使学习小组进一步加深了设计理念本项目的主要任务是制作淘宝店铺首页广告,了解淘宝店铺首页广告图片的尺寸、构图要求、色彩搭配和文字排版等内容。本项目的任务难点是学习小组设计的任务效果图是否合理,能否达到市场要求。通过对淘宝商铺不同产品类别促销广告任务进行客户需求分析,分解任务,学习制作方法,来培养学习小组的分析能力、设计能力、理解能力和实操能力,进一步加深了对设计理念、构图及方法的掌握;设计完毕后引入第三方来评价设计作品能否达到市场的要求,是否满足客户需求,是检验任务完成效果的有效手段,能快速促进了学习小组设计能力的提升。好的设计并不只是图形的创作,它是集智慧的劳动结果,多看、多练是提升设计能力的有效途径。同时注重培养学生在广告设计中传达的价值观要健康、正面,不夸大、哗众取宠,注重设计的原创和版权,不断优化设计作品,追求设计的完善性,让设计广告在招徕顾客的同时也具备欣赏的功能、价值的传播。

项目5 商业短视频广告制作

项目概述

如今，短视频已成为人们获取信息、休闲娱乐的社交化媒介，短视频和商业广告的结合也成为广告传播的一种新形式。相比于其他传统广告，短视频可以囊括更多的广告内容，能够清晰表达商业信息，并且具有传播迅速、互动性较好等特点。短视频是指在各种新媒体平台上播放的、适合在移动状态和短时休闲状态下观看的、高频推送的视频内容，时间几秒到几分钟不等。随着移动互联网的快速发展，短视频行业得到了爆发式的增长，也得到了各行各业的青睐。

小程和小袁是某工艺美术专业的学生，在校内的某文化传媒工作室顶岗实践，承担商业短视频后期制作工作，负责制作4个商业短视频广告案例：儿童水杯短视频，榨汁机短视频，电煮锅短视频，烤箱短视频。他们当前的工作任务是根据产品特点以及客户要求，结合视频素材，制作符合产品推广的商业短视频广告，同时上传到短视频平台、店铺进行推广，这种新的广告方式不仅要考虑广告的效果，同时也要考虑短视频的时长和视觉效果等，他们在实践的过程中总结了很多宝贵的经验。

项目目标

学习完本项目后，将达到以下目标：

知识目标

▷ 了解常见的商业短视频广告后期制作要求；

▷ 了解常见的商业短视频制作软件；

▷ 了解常见的商业短视频制作流程。

能力目标

▷ 学会制作常见的商业短视频广告；

▷ 掌握视频后期制作视频、图片、声音处理的方法；

▷ 掌握对色彩搭配方法，文字排版方式。

▷ 培养学生良好的审美观和艺术欣赏能力;

▷ 培养团队自主探究的学习意识;

▷ 培育设计创新创意的意识;

▷ 培养学生精益求精的工匠精神。

项目思维导图

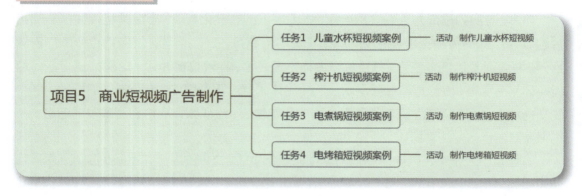

任务1　儿童水杯短视频案例

情境设计

　　小明团队完成了产品前期拍摄之后,为了使产品短视频更加符合产品本身的属性,更形象地展示产品的特性以及吸引客户的眼球,他们进行大量的研究学习,使视频字幕设计、音效设计、动画设计更切合产品,同时用比较有趣的方式展示产品卖点。

任务分解

　　本任务是通过短视频的方式展示产品卖点,视频拍摄和后期制作从产品特点着手,以展示产品特点及优势为出发点,实现最大限度的销售。突出产品"儿童"相关属性的卖点,视频背景设计为纯白色,更加简洁大方,辅助合适的文字动画及图形动画,突出产品卖点。为了让视频更加符合产品属性,结合逐帧动画的方式对产品进行展示,增加了视频的趣味性。

活动　制作儿童水杯短视频

活动背景

短视频内容要求内容生动有趣,核心卖点和产品的设计特点要有适当的文字说明,展示产品细节部分要求尽可能详细、突出。视频配乐要符合视频画面风格,搭配合适的音效以增加视频的听觉冲击力。

图5.1.1　最终效果

活动实施

短视频最终效果如图5.1.1所示。

(1)启动Premiere Pro 2018软件,新建项目并新建"1 920×1 080,30fps"的合成序列并命名为"儿童水杯短视频",如图5.1.2所示。

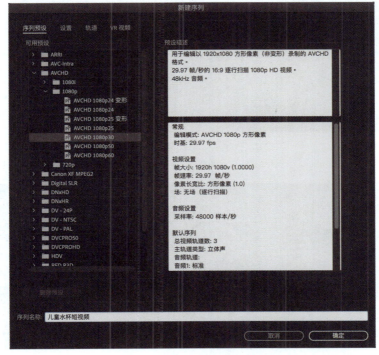

图5.1.2　新建序列

(2)在导入素材前,由于需要制作逐帧动画,需要修改静止图像默认持续时间的长度,在"菜单栏→编辑→首选项→时间轴"中修改静止图像默认持续时间为12帧,如图5.1.3所示。

(3)在"项目"面板中双击打开"素材\项目5\任务1"文件夹下的素材,以文件夹的形式分别导入:图片素材、视频素材、字幕素材、音频素材。并将图片素材中"1.jpg—8.jpg"的8张图片按照顺序拖入"儿童水杯短视频"时间线上,如图5.1.4所示。

(4)通过预览面板可以看到此时图片缩放比例、位置有问题,需要调整修改。选中"1.jpg"在"效果控件"面板中修改"位置"的"y"坐标数值为"445","缩放"数值为"38",如图5.1.5所示。

图5.1.3　参数设置

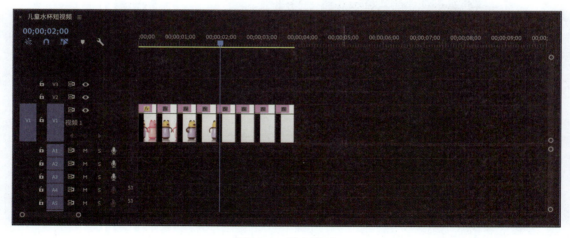

图5.1.4　导入素材

（5）在时间线上选中"1.jpg"，单击鼠标右键，选择"复制"命令，按住鼠标左键拖拽框选"2.jpg—8.jpg"；单击鼠标右键，选择"粘贴属性"命令，即可将"1.jpg"的位置及缩放修改参数全部粘贴到其余图片上，一次性进行批量修改，如图5.1.6所示。在节目窗口播放预览效果，静止图像连续播放的逐帧动画已经做好。

（6）根据提供的字幕文件，选择合适的视频和图片素材依视频编号照顺序放入时间线，并剪辑去除多余部分，如图5.1.7所示。

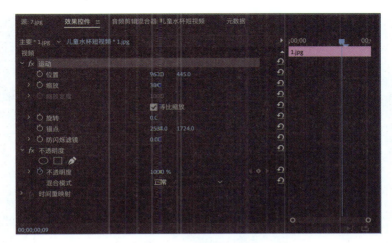

图5.1.5　效果控件设置

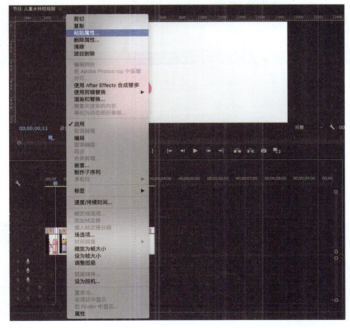

图5.1.6　批量修改

（7）此时发现视频画面整体偏暗，需要对画面曝光度进行调整。在项目中点击"新建项"命令，选择"调整图层"，将调整图层拖拽到视频2轨道上，拖拽并修改其长度，使其与视频1轨道内容对齐，如图5.1.8所示。

（8）选中视频2轨道上的调整图层，将软件的工作区切换为"颜色"工作区，在"lumetri颜色"面板中调整"曝光"数值为"1.1"，"对比度"为"9.5"，"饱和度"为"108"，如图5.1.9所示。调整完毕之后，播放预览视频画面效果，也可以根据个人喜好，进行其他参数的细微调整。

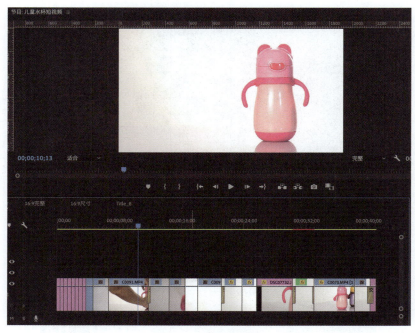

图5.1.7　去除多余内容

（9）将工作区切换回"编辑"工作区，根据字幕文件夹里面提供的字幕内容，将字幕文件放置在合适的视频画面上，调整字幕出现的时间、长度，并根据视频画面内容，对字幕出现的位置进行排版，使其构图更加合理，画面更加协调。添加完字幕后的效果如图5.1.10所示。在本案例中，使用After Effects软件，提前制作好粉色系的动态字幕，增加了视频的动感和画面颜色协调性，使画面整体风格更加符合产品的年龄属性。

图5.1.8　调整图层

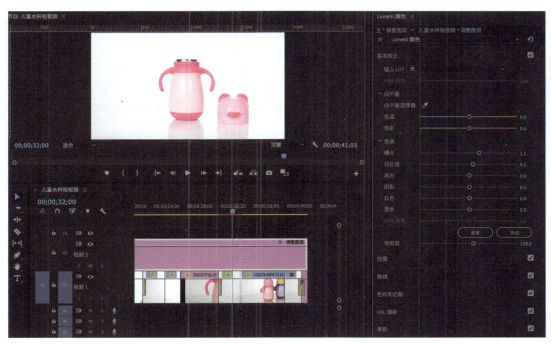

图5.1.9　参数设置

图5.1.10　添加字幕

（10）添加完字幕之后，根据视频画面在合适的地方添加音乐和音效，使得视频更加完整，同时合适的音效效果，可以增加视频的趣味性，使得视频更加生动形象，突出产品的特性和卖点，如图5.1.11所示。

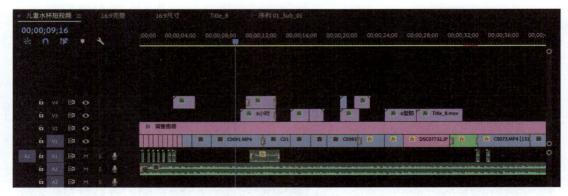

图5.1.11　添加音效

（11）至此，整个短视频已经制作完成，播放预览整体效果，根据自己的喜好进行细微的调整，确认无误后保存输出。选择"时间线"面板，按快捷键"Ctrl+M"输出为"儿童水杯短视频.mp4"视频文件。

活动评价

小明团队通过视频完整地展示了儿童水杯的产品卖点和特点，字幕设计采用粉色动态字幕，使得画面整体更加协调，完整地传递了产品的卖点。同时，善于利用图像动画，形象表达水杯的保温效果，结合逐帧动画及特殊音效效果，使整体画面变得更加生动，提高了视频的可阅读性，达到了客户的要求。

合作实训

请你根据小明团队的设计方法，利用Premiere软件中自带的"图形"工作区中的"基本图形"（见图5.1.12），选择合适的字幕预设效果，重新设计制作"儿童水杯短视频"的字幕，字幕文案内容需要根据对产品的卖点，重新撰写，并对整个案例执行过程进行评价。

1.实训要求

（1）打开"素材\项目5\任务1"文件夹下的素材，完成产品的视频效果。

（2）视频文案要与产品卖点相符合，文字排版方式要求美观、合理，字体颜色要求与主题符合，最后输出格式为".mp4"视频文件。

2.过程评测

对整个案例执行过程进行评价，特别是对实训成果进行评价。评价主体包括实训本人、实训小组、指导教师及第三方，邀请"校中企"的企业专业人员参与评价，见表5.1.1。

图5.1.12　添加音效

表5.1.1　视频作品评价表

评价项目	字幕设计与排版	音效效果设计	整体视频效果	职业素养
评价标准	A. 优秀 B. 合格 C. 不合格	A. 优秀 B. 合格 C. 不合格	A. 优秀 B. 合格 C. 不合格	A. 大有提升 B. 略有提升 C. 没有提升
自己评价				
小组评价				
教师评价				
第三方评价				
总评		修改建议		

说明:
①表格内按优秀、合格、不合格进行评价;
②请企业专业人士、客户等担当第三方参与评价;
③评为不合格的由指导老师注明原因及修改建议。

任务2   榨汁机短视频案例

情境设计

最近企业需要制作一个榨汁机功能介绍的短视频，小明团队在学习了其他小电器产品拍摄制作方法之后，前期拍摄完整展示榨汁机使用过程的视频，后期通过剪辑，辅以文字解释的方式，实现产品卖点展示和功能使用展示。

任务分解

本任务是展示产品功能介绍的短视频，榨汁机的功能主要是用来榨新鲜果汁，前期已经将产品使用过程的素材拍摄完毕，在后期中主要通过合理组织素材，使整个产品使用过程更加清晰，辅以合适的文字及音乐效果，让产品卖点更加突出，在视频末尾突出产品品牌和产品理念，让产品更加深入人心。

活动   制作榨汁机短视频

活动背景

小明他们了解到，公司的这款榨汁机外观小巧精致。为了突出产品卖点，他们决定做两点处理：文字排版采用颜色对比、大小对比的设计表现手法；色彩搭配，图层模式及透明度的综合应用。

活动实施

短视频最终效果如图5.2.1所示。

图5.2.1   最终效果

（1）启动Premiere Pro 2018软件，新建项目并新建"1 920×1 080，30fps"的合成序列，并命名为"榨汁机短视频"，如图5.2.2所示。

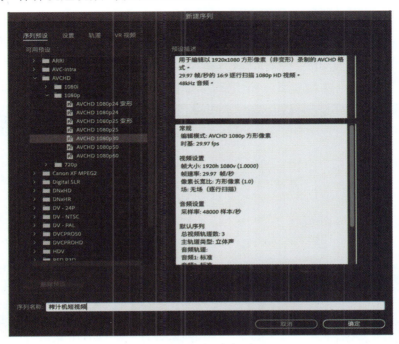

图5.2.2　新建序列

（2）在"项目"面板中，双击打开"素材\项目5\任务2"文件夹下的素材，以文件夹的形式分别导入视频素材、导入"背景音乐.mp3""品牌logo.png"素材，并将视频素材文件夹里的视频拖放到时间线上视频1轨道，如图5.2.3所示。

图5.2.3　导入素材

（3）在时间上逐个预览视频，删除多余部分，精简视频画面。精简完成后播放预览整体效果。发现，画面整体偏暗，色温偏暖，需要进行曝光度的调整和色温校正。新建调整图层，将调整图层拖拽到视频2轨道，并修改其长度与视频1轨道齐长；选中视频2轨道上的调整图层，将软件的工作区切换为"颜色"，在"Lumetri颜色"面板中调整"色温"为"-5"，"曝光"数值为"0.5"，"对比度"为"5"，"饱和度"为"110"，如图5.2.4所示。调整完毕之后，播放预览视频画面效果，也可以根据个人喜好，进行其他参数的细微调整。

图5.2.4　参数设置

（4）将时间线定位到"00;00;01;20"，工作区切换为"图形"。在"基本图形面板"中，选择"斜体图像字幕"拖拽至视频3轨道上，开头与时间线对齐，如图5.2.5所示。

图5.2.5　添加字幕

（5）选中视频3轨道上的图形素材，在"基本图形"面板中，切换到"编辑"模块，修改文字为"让生活每天从一杯鲜汁开始"。根据画面内容修改文字大小、颜色、字体等属性，输入完成后将文字调整到合适位置，最终效果如图5.2.6所示。字体颜色选中粉色系，与产品主题颜色相吻合，使得视频画面更加协调。

图5.2.6　字体颜色设置

（6）选中视频3轨道上的字幕，按键盘上"Alt"键并按鼠标左键进行拖拽，复制7条字幕，这样把第一条字幕的所有属性直接应用到其余到字幕上，只需要修改字幕内容即可，提高了效率。将复制好到字幕分别放到"04;29""10;19""15;17""20;10""24;22""35;25""40;08"处，并根据画面内容调整字幕出现时长，如图5.2.7所示。

图5.2.7　字体位置设置

（7）打开"素材\项目5\任务2"文件夹下的"榨汁机短视频文案内容.docx"逐个修改视频字幕文字内容，并根据实际的画面效果进行排版，使得画面协调、美观。效果如图5.2.8所示（字幕内容可以根据自己的理解进行调整和优化，字幕动画效果也可以在"效果控件"面板中进行细微的调整和优化）。

图5.2.8　字体效果设置

（8）字幕制作完成后，播放预览整体效果，调整优化整体效果。在视频结尾处添加"品牌Logo.png"素材，调整位置、大小等属性使排版效果更加美观。播放预览整体效果，最后添加背景音乐，并为音频添加"恒定功率"特效，让背景音乐声音逐渐减弱，过渡更加自然，如图5.2.9所示。

图5.2.9　添加背景音乐后效果

活动评价

小明团队通过利用Premiere软件自带的"图形"面板来制作和设计字幕效果，简单、高效地完成了视频字幕（文案）的制作。很好地展示阐释了榨汁机产品的卖点、特点及简单的功能演示，最后还对画面进行曝光、色温、饱和度等调整，使得视频画面更加接近真实肉眼所见，更加唯美，更加有效地吸引观众。

图5.2.10　效果图

合作实训

请你根据小明团队的设计方法，制作一个便携果汁杯的产品短视频，并对整个案例执行过程进行评价。

1.实训要求

（1）打开"素材\项目5\任务2"文件夹下的素材，制作产品短视频，参考效果如图5.2.10所示。

（2）要求展示简单功能演示使用过程，必要时添加视频字幕，视频文案符合产品卖点、特点，排版设计美观大方，突出产品卖点。添加合适的背景音乐或音效，对画面进行调色优化等。

2.过程评测

对整个案例执行过程进行评价，特别是对实训成果进行评价。评价主体包括实训本人、实训小组、指导教师及第三方，邀请"校中企"的企业专业人员参与评价，见表5.2.1。

表5.2.1　设计作品评价表

评价项目	字幕设计与排版	画面色彩效果	整体视频效果	职业素养
评价标准	A. 优秀 B. 合格 C. 不合格	A. 优秀 B. 合格 C. 不合格	A. 优秀 B. 合格 C. 不合格	A. 大有提升 B. 略有提升 C. 没有提升
自己评价				
小组评价				
教师评价				
第三方评价				
总评	修改建议			

说明：
①表格内按优秀、合格、不合格进行评价；
②请企业专业人士、客户等担当第三方参与评价；
③评为不合格的由指导老师注明原因及修改建议。

任务3　电煮锅短视频案例

情境设计

小明团队完成了榨汁机短视频后得到了企业和客户的认可，评价他们对小家电产品的短视频做得很不错，很接地气又不失档次，所以今天要求他们做一个多功能电煮锅的短视频。要求采用清晰明快的节奏风格，体现电煮锅的多功能和易用性。此次短视频主要投放在竖屏展示的平台。因此，拍摄和后期制作都需要采用9:16的竖屏进行制作。

任务分解

小明团队在接到任务之后，对产品进行了深入的调研和探讨，总结后发现电煮锅功能比较多，基本上各种烹饪方式（煎、煮、热、炖、蒸、涮、煲、焖）都可以兼顾，产品的定位上主要是针对单身人士或宿舍群体使用。因此，他们选拍几个典型的使用场景来演示产品烹饪美食的过程，并使用多种彩色背景纸作为拍摄背景，也寓意产品功能多样化，带来生活丰富多彩，以此来表述电煮锅的功能和卖点。在后期制作上，短视频风格整体轻松明快，体现产品轻量化设计，方便使用的概念。因此，在音乐选择和视频字幕上都往这个大方向靠拢。突显产品卖点，吸引消费者。

活动　制作电煮锅短视频

活动背景

在核查了前期拍摄素材之后，应确保所需素材已经全部拍摄完毕，小明团队对后期制作方案进行了详细的探讨，并针对网上同类产品的短视频进行分析总结。最终，确定采用"逐帧动画+实拍展示"的方式进行后期制作，辅以合适的视频文案和背景音乐。

活动实施

短视频最终效果如图5.3.1所示。

（1）启动Premiere Pro 2018软件，新建项目并新建竖屏的合成序列，由于客户要求及拍摄素材均为竖版，因此，在新建序列时，点击"设置"，"编辑模式"选择"自定义"修改视频"帧大小"为"1 080×1 920, 30fps"并命名为"电煮锅短视频"案例，如图5.3.2所示。

图5.3.1　最终效果

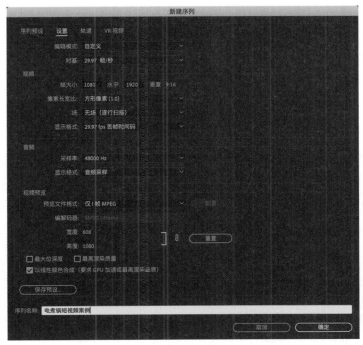

图5.3.2　新建序列

（2）由于拍摄视频素材需要使用图片做逐帧动画，根据前期拍摄的规划，每张图片显示时间为"4"帧，因此在导入素材之前，需要修改静止图像默认持续时间的长度，在"菜单栏→编辑→首选项→时间轴"中修改静止图像默认持续时间为"4"帧，如图5.3.3所示。通过设置之后导入进时间线的图片，每张显示时长为4帧，这样制作逐帧动画会变得更加高效。

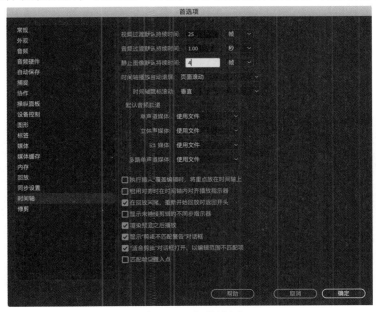

图5.3.3　参数设置

（3）在"项目"面板中，双击打开"素材\项目5\任务3"文件夹下的素材，以文件夹的形式分别导入图片素材、视频素材、音乐素材，将视频素材文件夹中名字为"粉色、紫色、黄色、红色"，并按照顺序拖拽到"电煮锅短视频"序列中的"视频1"轨道上，并设置每段视频显示时长为"14"帧。这时，发现素材的方向不对，需要进行旋转。点击选中第一个视频，在"效果控件"设置"旋转"数值为"-90"，设置完成后，将其余3个视频进行同样的设置（也可以使用"复制"和"粘贴"属性进行快速设置），如图5.3.4所示。

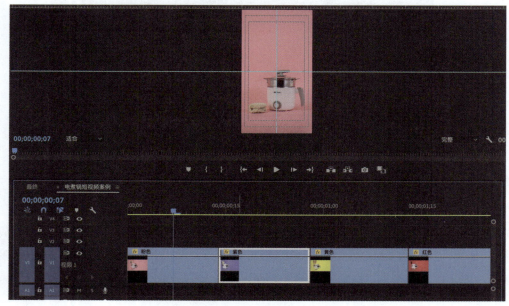

图5.3.4　导入素材

（4）接下来制作四分屏的效果。新建"多彩四分屏"的"1 080×1 920，30fps"序列，并将"视频素材"文件中名字为"粉色1、紫色1、黄色1、红色1"的4段视频分别放入序列中的"视频1-4"轨道上，然后分别设置4段视频的"缩放"值为"57"，"旋转"值为"-90"，如图5.3.5所示。

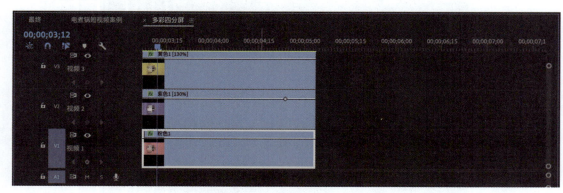

图5.3.5　第4段视频参数设置

（5）此时发现4个视频重叠在一起，需要设置分屏效果。在"节目"面板中，点击"设置"，分别勾选"安全边距、显示标尺、显示参考线"3个选项，并在上边标尺和左边标尺位置处拖拽出两条参考线，放置在视频窗口正中央，根据参考线调整4个视频的位置，最终效果如图5.3.6所示。

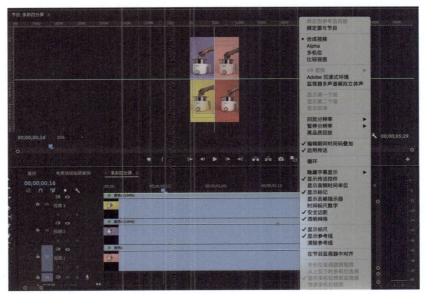

图5.3.6　参考线设置

（6）将"多彩四分屏"序列拖放到"电煮锅短视频案例"序列中到第一段视频后，接下来需要制作食材的逐帧动画效果，分别新建"青瓜""胡萝卜""青瓜+胡萝卜"的"1 080×1 920，30fps"的3个序列，并将"图片素材"文件中的图片素材拖放到相对应的序列中，制作3段食材到逐帧动画效果。然后将制作好的3个序列拖放到"电煮锅短视频案例"序列中的"多彩四分屏"的序列后面，如图5.3.7所示。

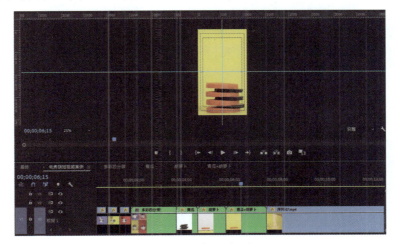

图5.3.7　加入序列

（7）按照前面的方法，将其余的视频素材，按照编号顺序拖放到序列中"视频1"轨道上，并根据实际调整视频时长。制作完成之后，播放预览整体效果，发现视频曝光和颜色有偏差，新建"调整图层"，校正曝光度和颜色，最终效果如图5.3.8所示。

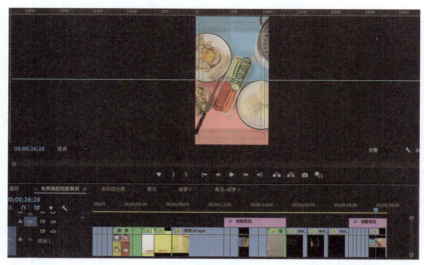

图5.3.8   调整视频时长

（8）打开"素材\项目5\任务3"文件夹下的"电煮锅短视频文案内容.docx"，将软件切换到"图形"面板，使用"基本图形"中的"影片出品"的图形效果制作视频文案，将其拖入视频"V3"轨道上，选中并输入文字"生活多彩 美食多味"，根据画面效果修改文字大小、颜色、排版、动画等，并播放预览整体效果，效果如图5.3.9所示。

图5.3.9   制作文案

（9）按住键盘"Alt"键和鼠标左键，拖拽复制"生活多彩 美食多味"图形文件，根据视频画面内容，参考"电煮锅短视频文案内容.docx"对视频文案字幕进行修改，放到文字对应的视频画面位置，并根据实际的画面效果进行排版，使得画面协调、美观。效果如图5.3.10所示。最后播放预览整体的效果（字幕内容可根据自己的理解进行调整和优化，字幕动画效果也可在"效果控件"面板中进行细微的调整和优化）。

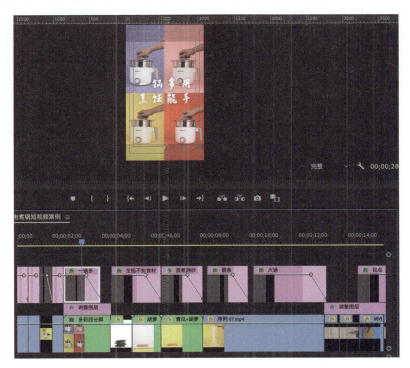

图5.3.10　字幕设置

（10）最后为视频添加背景音乐，并裁剪背景音乐长度与视频长度齐长，并为音频添加"恒定功率"特效，让背景音乐声音逐渐减弱，过渡更加自然。

至此，整个短视频已经制作完成，播放预览整体效果，并进行细微的调整，确认无误后保存输出。选择"时间线"面板，按快捷键"Ctrl+M"，输出为"电煮锅短视频.mp4"视频文件，效果如图5.3.1所示。

活动评价

小明团队通过多个逐帧动画及多彩背景拍摄的方法，用比较轻松欢快的方式，将相对枯燥无味的小家电产品的视频形象地展示出卖点和功能。视频剪辑过程流畅，结构清晰，视频文案与产品卖点和特点相吻合，背景音乐节奏与视频节奏相得益彰。符合商业短视频的投放要求，整体效果良好，可以有效地吸引观众的注意力。

合作实训

请根据小明团队的设计方法，制作家用加湿器新品的竖屏短视频，并对整个案例执行过程进行评价。

1.实训要求

（1）打开"素材\项目5\任务3"文件夹下的素材，制作产品短视频，参考效果如图5.3.11所示。

（2）要求展示简单功能演示的使用过程，必要时添加视频字幕，视频文案符合产品卖点、特点，排版设计美观大方，突出产品卖点。添加合适的背景音乐或音效，对画面进行调色优化等。

2.过程评测

对整个案例执行过程进行评价，特别是对实训成果进

图5.3.11 最终效果

行评价。评价主体包括实训本人、实训小组、指导教师及第三方，邀请"校中企"的企业专业人员参与评价，见表5.3.1。

表5.3.1 设计作品评价表

评价项目	视频剪辑流畅	整体逻辑结构清晰	画面整体效果	职业素养
评价标准	A. 优秀 B. 合格 C. 不合格	A. 优秀 B. 合格 C. 不合格	A. 优秀 B. 合格 C. 不合格	A. 大有提升 B. 略有提升 C. 没有提升
自己评价				
小组评价				
教师评价				
第三方评价				
总评	修改建议			

说明：
①表格内按优秀、合格、不合格进行评价；
②请企业专业人士、客户等担当第三方参与评价；
③评为不合格的由指导老师注明原因及修改建议。

任务4　电烤箱短视频案例

情境设计

最近正值电商平台的"家电节"，接到很多拍摄小家电商业短视频的订单。今天需要小明团队拍摄制作一个电烤箱的商业短视频，需要上架各大电商平台。要求有商品细节、卖点实拍，展示使用烤箱烤制食物的过程。让顾客能够通过短视频了解烤箱特点，激发顾客购买电焙箱的意愿。

任务分解

本任务是根据客户的需求拍摄且烤箱卖点、细节的展示。结合食物烤制过程视频，期望消费者通过观看烤制食物的过程，刺激消费者的食欲，促使消费者购买产品。因此要求拍摄画面尽可能唯美，细节及卖点展示到位，食物烤制过程要求精练、简短。后期制作辅以合适的字幕、背景音乐。

活动　制作电烤箱短视频

活动背景

小明团队在完成了前期拍摄之后便进入了后期制作阶段。在开始制作后期之前，团队分工利用网络资源进行相关产品及竞品的调研和分析，对比较优秀的产品短视频进行认知的分析总结，学习其优点。结合前期拍摄的素材，讨论决定后期制作方案。

活动实施

短视频最后效果如图5.4.1所示。

图5.4.1　最终效果

（1）启动Premiere Pro 2018软件，新建项目并新建"1 920×1 080，30fps"的合成序列并命名为"电烤箱短视频"，如图5.4.2所示。

图5.4.2　新建序列

（2）在"项目"面板中双击打开"素材\项目5\任务4"文件夹下的素材，以文件夹的形式分别导入视频素材、字幕素材、音乐素材，并将视频素材文件夹里面"01.mp4～06.mp4"展示电烤箱外观及内部细节的视频拖放到时间线上视频1（V1）轨道，并预览删除裁剪掉多余的部分，如图5.4.3所示。

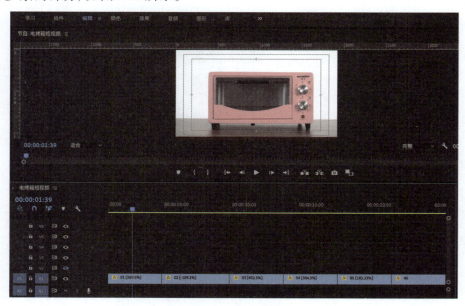

图5.4.3　导入素材

（3）剪辑完电烤箱外观及内部展示视频之后，将视频素材文件夹中关于烤制食物过程的视频放到"06.mp4"之后。根据视频后期制作方案，烤制食物视频顺序分别为"面包→鸡中翅→香肠"，在时间线上对刚刚添加的视频素材进行精剪，删除多余部分，并在个别视频衔接不顺畅的地方添加"交叉溶解"默认的视频转场效果。编辑完成后，播放预览整体效果，逐一检查，发现错误的地方及时修改，如图5.4.4所示。

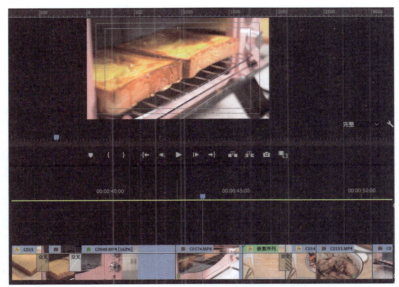

图5.4.4　设置过渡效果

（4）最后将视频素材文件中展示电烤箱外观和烤箱与食物合影的视频"07.mp4、08.mp4"放到时间线视频1轨道，并修剪视频时长，删除多余部分，如图5.4.5所示。

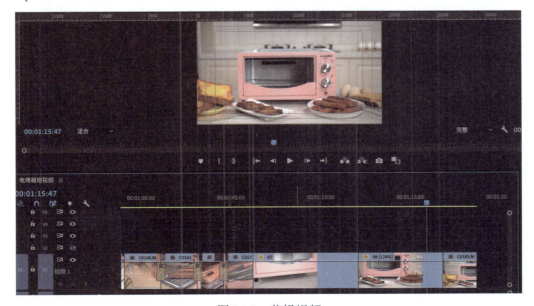

图5.4.5　剪辑视频

（5）播放预览整体效果，检查是否存在错漏的地方，视频转场过渡是否适当，视频衔接是否顺畅自然。通过多次观看视频之后，发现视频画面存在"整体偏暗，色温偏冷，色彩暗淡"等问题，需要进行曝光度的调整、色温校正及色彩的调整，使得视频中的食物看起来更加有食欲。

（6）将软件的工作区切换为"颜色"工作区，新建调整图层，将调整图层拖拽到视频2轨道，并修改其长度与视频1轨道齐长，选中视频2轨道上的调整图层，在"lumetri颜色"面板中调整"色温"为"9.5"，"曝光"数值为"1"，"对比度"为"5"，"饱和度"为"120"，如图5.4.6所示。调整完毕之后，播放预览视频画面效果，根据构图手法进行其他参数的细微调整。

图5.4.6　调整"色温"参数

（7）在项目面板中打开字幕素材文件夹，将工作区切换回"编辑"工作区，根据字幕文件夹里提供字幕的内容，将字幕文件放置在合适的视频画面上，调整字幕出现的时间长度，并根据视频画面内容，对字幕出现的位置进行排版，使其构图更加合理，画面更加协调。添加完字幕之后效果如图5.4.7所示。

（8）最后为视频添加背景音乐，裁剪背景音乐长度与视频长度齐长，并为音频添加"恒定功率"特效，让背景音乐声音逐渐减弱，过渡更加自然，如图5.4.8所示。

至此，整个短视频已经制作完成，播放预览整体效果，并进行细微的调整，确认无误后保存输出。选择"时间线"面板，按快捷键"Ctrl+M"输出"电烤箱短视频.mp4"视频文件，效果如图5.4.1所示。

图 5.4.7　字幕排版

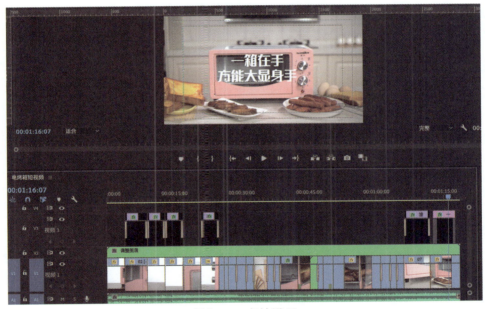

图 5.4.8　音效设置

活动评价

小明团队在这个案例中通过演示烤削3种食物的整个过程，很好地展示了电烤箱的卖点及功能，让观众能够非常直观地感受到电烤箱的作用及其魅力。整个视频中既有美食的诱惑，也顺势引发了观众对产品的购买欲望。视频整体节奏明快、流畅，逻辑结构清晰。视频文案与产品卖点和特点相吻合，背景音乐节奏与视频节奏相得益彰，符合商业短视频的投放要求，整体效果良好。

合作实训

请根据小明团队的后期制作的方法，制作另一款电烤箱的短视频，并对整个案例执行过程进行评价。

1.实训要求

（1）打开"素材\项目5\任务4"文件夹下的素材，制作竖版的9:16的电烤箱短视频，素材如图5.4.9所示。

（2）要求根据视频素材内容，制作合适的视频文案，视频文案符合产品卖点、特点，排版设计美观大方，突出产品卖点。

2.过程评测

对整个案例执行过程进行评价，特别是对实训成果进行评价。评价主体包括实训本人、实训小组、指导教师及第三方，邀请"校中企"的企业专业人员参与评价，见表5.4.1。

图5.4.9　最终效果

表5.4.1　设计作品评价表

评价项目	视频文案与卖点搭配	字幕排版	整体画面效果	职业素养
评价标准	A. 优秀 B. 合格 C. 不合格	A. 优秀 B. 合格 C. 不合格	A. 优秀 B. 合格 C. 不合格	A. 大有提升 B. 略有提升 C. 没有提升
自己评价				
小组评价				
教师评价				
第三方评价				
总评		修改建议		
说明： ①表格内按优秀、合格、不合格进行评价； ②请企业专业人士、客户等担当第三方参与评价； ③评为不合格的由指导老师注明原因及修改建议。				

项目总结

本项目的主要任务是从静态的网络广告设计延伸到动画广告案例制作，了解网络动画广告制作要求、制作软件和网络动画格式转换等内容。本任务的难点是如何才能制作优秀的网络动画广告。利用对不同的商业案例，分解任务，分析任务需求，掌握网络动画广告制作流程、剪辑技巧和实施方案，让学习小组掌握短视频广告剪辑的要点。重点是利用视频动画与广告关键词巧妙搭配，突出产品特点和特性，吸引客户注意，实现商业推广的目的。因此，商业短视频广告设计中要考虑到设计美观，还要考虑音效的搭配、推广策略和目标客户的需求才能实现最优的广告效益。动画广告设计传达的价值观一样要健康、正面，不夸大哗众取宠，注重设计的原创和版权，不断优化设计作品，追求设计的完善性。

项目6　移动融媒体作品制作

项目概述

　　小程和小表是数字媒体技术与应用专业的学生，他们到中山市买它网络科技公司顶岗实习，期间要完成一些移动融媒体作品的制作工作。他们的团队在工作期间接到了3个业务：一是制作某公司定制个性化微信头像的移动融媒体作品；二是制作某公司新品发布会邀请函的移动融媒体作品；三是制作某社区居委会党史知识竞赛的移动融媒体作品。

　　本项目要做的是移动融媒体作品，要求页面设计效果好，具有丰富的交互效果，为浏览者提供良好的交互体验。需要使用到木疙瘩在线H5动画平台，针对不同客户的需求，他们制作了不同的移动融媒体作品，对页面布局、动画和交互功能等进行了设计。

项目目标

学习完本项目后，将达到以下目标：

知识目标

▶ 了解使用木疙瘩在线H5动画平台制作移动融媒体作品的流程；

▶ 了解移动融媒体作品中关键帧动画、遮罩动画、预设动画的制作方法；

▶ 了解元素的添加及其属性设置的方法。

能力目标

▶ 学会如何制作图片合成效果的移动融媒体作品；

▶ 学会如何制作长图拖动效果的移动融媒体作品；

▶ 学会如何制作答题测试效果的移动融媒体作品。

素质目标

▶ 培养团队精神、合作意识；

▶ 培养举一反三知识迁移能力；

▶ 激发学生应用融媒体技术传递中国历史和时事政治；

▶ 激发学生矢志创新和科技报国的使命担当。

项目思维导图

任务1　个性化微信头像融媒体作品案例

情境设计

小程最近接到公司的一个新任务,为了更好地完成该任务,小程专门约了客户了解业务需求。本任务是为壹玖文化媒体有限公司制作一个定制个性化微信头像的移动融媒体作品,该作品面向所有微信用户,可利用该作品定制一个含有该公司Logo的个性化头像。细节要求:制作自定义加载页面;使用微信头像控件读取用户头像,并将用户头像与公司Logo合成新头像;页面设计要求简洁明了、交互人性化等。小程根据客户的要求做了详细的分析和制作方案。

任务分解

本任务是一个定制个性化微信头像的移动融媒体作品。其主要步骤有:加载页的进度条动画、加载百分数动画以及相关元件动画的制作;头像获取页的帧画面跳转和舞台截图功能的实现;舞台截图页展示所合成的新头像及图片保存功能的实现;作品发布及推广。

活动　制作定制个性化微信头像移动融媒体作品

活动背景

小程所在的某融媒体制作公司是一家资深的融媒体内容制作公司,根据客户需求,一站式生产App图文、微信图文、网页专题、移动融媒体作品等。本次任务是要求制作自定义加载页面,利用帧画面的跳转选择不同的元素与用户微信头像相叠加合成新微信头像,并使用"舞台截图"的功能截取和保存新合成的微信头像。

活动实施

本活动完成后的效果如图6.1.1所示。

图6.1.1　案例效果图

请扫二维码，查看操作步骤。

视频的操作
步骤

活动评价

本活动学习了如何制作定制个性化微信头像的移动融媒体作品，作品达到了客户的要求，在作品中读取微信用户头像，叠加公司Logo，生成定制头像。通过本活动的学习，小程能够完成个性化加载页制作、定制微信头像和利用舞台截图进行截图等操作，业务能力得到了提高。

合作实训

小程的团队完成了某文化传媒有限公司的定制个性化微信头像的融媒体作品发布与推送。请你根据他们的方法制作"定制爱护动物个性化微信头像"的融媒体作品。

1.实训要求

（1）根据"素材\项目6\任务1\定制爱护动物个性化微信头像"提供的素材图片，利用木疙瘩平台制作融媒体作品，参考效果如图6.1.2所示。

图6.1.2　参考效果

（2）要求制作自定义加载页（进度条动画、加载进度动画）、微信头像获取页（获取微信头像、与5个动物形象合影）、保存新头像页。

2.过程评测

对整个案例执行过程进行评价，特别是对实训成果进行评价。评价主体包括实训本人、实训小组、指导教师及第三方，邀请"校中企"的企业专业人员参与评价，见表6.1.1。

表6.1.1　店铺推广图设计评价表

评价项目	动画设计	交互设计	发布作品	职业素养
评价标准	A. 优秀 B. 合格 C. 不合格	A. 优秀 B. 合格 C. 不合格	A. 优秀 B. 合格 C. 不合格	A. 大有提升 B. 略有提升 C. 没有提升
自己评价				
小组评价				
教师评价				
第三方评价				
总评		修改建议		
说明： ①表格内按优秀、合格、不合格进行评价； ②请企业专业人士、客户等担当第三方参与评价； ③评为不合格的由指导老师注明原因及修改建议。				

任务2　电子邀请函融媒体作品案例

情境设计

小程是某融媒体制作公司的主要成员，最近某智能家居公司找他为该公司的新品发布会制作电子邀请函。本任务是为"智能扫地机器人发布会"制作一个电子邀请函融媒体作品。客户要求：作品能展示发布会的时间、地点、发布会流程、抽奖活动奖品等信息，并且可以收集参会人员的姓名及电话号码。小程根据客户的要求做了详细的分析和方案。

任务分解

本任务是为"智能扫地机器人发布会"制作一个电子邀请函，设计从视觉和交互设计着手，设置合适的展示动画。随着用户往上拖动作品，展示发布会的相关信息以及收集参会人员信息，实现良好的浏览和交互效果。小程和小袁探讨过后，决定分两步走：首先小袁获取客户提供的素材后，利用Photoshop制作出长图效果；接着小程在木疙瘩在线H5动画平台制作移动融媒体作品；最后是作品的发布及推广。

活动　制作电子邀请函融媒体作品

活动背景

小程所在的某融媒体制作公司是一家资深的融媒体内容制作公司,设计和制作了很多融媒体作品,经验丰富。在电子邀请函制作方面,小程累积了大量的经验。根据本次客户的要求,小程决定使用长图拖动效果,实现用户往上拖动作品,即可展示发布会的相关信息以及收集参会人员信息。小程和他的同学商议后,得到了同学的认同。

活动实施

本活动通过制作各元素的关键帧动画、遮罩动画、属性关联以及动画关联等,其最终效果如图6.2.1所示。

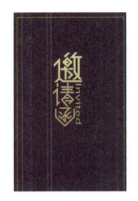

图6.2 1　案例最终效果图

扫二维码,查看操作步骤。

长图拖动效果
之电子邀请函

活动评价

本活动小程制作的新品发布会电子邀请函移动融媒体作品,交互效果得到了客户的点赞。通过本活动的学习,小程的团队能够轻易利用长图拖动效果制作交互式融媒体作品,并可以举一反三,根据实际情况对交互方式做出修改,适合不同的需求。经验的累积,为下一次的业务拓展打下良好基础。

合作实训

根据小程本次长图拖动效果的制作方法,请你完成以下任务:

1.实训要求

(1)根据某科技有限公司在"素材\项目6\任务2\招聘长图"提供的图片以及招聘岗位简介文字,制作长图拖动的招聘广告,参考效果如图6.2.2所示。

图6.2.2　公司招聘广告效果及预览二维码

（2）作品大小宽为320像素、高为520像素，实现招聘岗位等信息的展示和应聘者信息（姓名、毕业院校、所学专业、应聘岗位、电话号码）的填写及提交，有良好的交互体验。

2.过程评测

对整个案例执行过程进行评价，特别是对实训成果进行评价。评价主体包括实训本人、实训小组、指导教师及第三方，邀请"校中企"的企业专业人员参与评价，见表6.2.1。

表6.2.1　店铺推广图设计评价表

评价项目	动画设计	交互设计	发布作品	职业素养
评价标准	A. 优秀 B. 合格 C. 不合格	A. 优秀 B. 合格 C. 不合格	A. 优秀 B. 合格 C. 不合格	A. 大有提升 B. 略有提升 C. 没有提升
自己评价				
小组评价				
教师评价				
第三方评价				
总评		修改建议		

说明：
①表格内按优秀、合格、不合格进行评价；
②请企业专业人士、客户等担当第三方参与评价；
③评为不合格的由指导老师注明原因及修改建议。

任务3　党史知识竞赛融媒体作品案例

情境设计

小袁接到一个某社区居委会的新业务，小袁将社区负责人提出的业务要求做了详细记录。本业务是社区居委会为提升社区居民的党建知识学习意识，让居民铭记党的光辉历程，汲取前进力量而制作一个党史知识竞赛的移动融媒体作品。小袁根据社区负责人的要求做了详细分析并制订了方案。

任务分解

本任务是制作一个党史知识竞赛的移动融媒体作品，从页面设计开始着手，设计了自定义加载页面、答题页以及得分反馈页面，主要的步骤为：制作党史知识竞赛自定义加载页；制作竞赛答题页面（题目显示、答题反馈、答题计时、得分统计）；制作得分反馈页面；作品发布及推广。

活动　制作党史知识竞赛移动融媒体作品

活动背景

小袁所在的某融媒体制作有限公司是一家资深的融媒体内容制作公司，根据客户需求，一站式生产App图文、微信图文、网页专题、移动融媒体作品等。小袁浏览了一些知识竞赛的融媒体作品，确定了使用木疙瘩平台制作党史知识竞赛融媒体作品，主要通过修改各元素的属性和赋予各元素交互行为，实现作品效果。

活动实施

本活动通过修改元素属性、赋予元素交互功能等处理，其最终效果如图6.3.1所示。

图6.3.1　案例效果图及预览二维码

请扫二维码查看操作步骤。

制作电子邀请函

活动评价

小袁的团队制作的作品在画面设计、交互反馈以及分数统计等方面都非常人性化，作品达到社区负责人想要的效果，满足社区居委会的党史宣传要求。小袁能快速完成该业务，一方面是提前了解了客户的具体要求，另一方面是做了网络调查才设计的方案，业务流程比较熟练。

合作实训

小袁的团队完成了某社区居委会的业务，请按他的流程完成下面社区居委会的"垃圾分类知识大赛"移动融媒体作品。

1.实训要求

（1）根据社区负责人在"素材\项目6\任务3\垃圾分类知识大赛"提供的素材图片和题目，设计一个"垃圾分类知识大赛"的融媒体作品。

（2）该融媒体作品的宽为320像素，高为520像素。主要实现：用户点击题目选项后，进行对与错的判断，答对一题得10分，答错不扣分，答完10题后反馈分数以及实现"重新答题"和"分享成绩"的功能，预览效果如图6.3.2所示。

图6.3.2　参考效果及其预览二维码

2.过程评测

对整个案例执行过程进行评价，特别是对实训成果进行评价。评价主体包括实训本人、实训小组、指导教师及第三方，邀请"校中企"的企业专业人员参与评价，见表6.3.1。

表6.3.1 店铺推广图设计评价表

评价项目	构图与色彩搭配	关键字及设计	发布广告	职业素养
评价标准	A. 优秀 B. 合格 C. 不合格	A. 优秀 B. 合格 C. 不合格	A. 优秀 B. 合格 C. 不合格	A. 大有提升 B. 略有提升 C. 没有提升
自己评价				
小组评价				
教师评价				
第三方评价				
总评		修改建议		

说明:
①表格内按优秀、合格、不合格进行评价
②请企业专业人士、客户等担当第三方参与评价;
③评为不合格的由指导老师注明原因及修改建议。

项目总结

本项目的主要任务是制作网页广告设计及网络推广,通过介绍图片合成、长图拖动、答题测试的移动融媒体作品效果,学习特效代码,掌握特效代码在网页代码中的嵌入方法,实现静态的网络广告设计延伸到动态网页广告制作。本任务的难点是代码的学习和运用。通过任务分解、需求分析,使学习小组体验到移动融媒体作品的动画、交互等功能的优越性。因此,除了可以深入了解视频工具或图形软件综合应用外,还可通过融媒体作品传递中国历史和时事政治,提升设计技术、设计思路、设计方法和专业素养。

参考文献

[1] 杨英梅. 网络广告设计[M]. 北京: 机械工业出版社, 2015.

[2] 史晓燕. 网络广告设计与制作[M]. 武汉: 华中科技大学出版社, 2015.